D1212852

# Sciences
# et Technologie

## CYCLE DES APPROFONDISSEMENTS

# CE2

Cet ouvrage est le résultat du travail d'une équipe d'enseignants :
instituteurs, professeurs d'I.U.F.M., C.P.A.I.E.N., I.E.N.

La mise en forme a été assurée par :

**J.-L. Canal**   **M. Margotin**

**J. Lamarque**   **M.-A. Pierrard**

**R. Tavernier**

# BORDAS

## Un livre scientifique sérieux et attrayant

Ce livre, conforme aux programmes de 1995, a été réalisé pour répondre aux interrogations des enfants et faciliter leur formation scientifique. Il fournit :
— des **documents de travail** à partir desquels s'organisent les séquences de classe,
— des **propositions pour exploiter ces documents** ainsi que des **suggestions d'activités** ou **d'expériences**,
— une présentation claire et concise des **notions importantes à retenir**,
— des **exercices** permettant d'**utiliser les connaissances** et de **repérer les compétences** acquises.

Les sujets du programme du **Cycle des approfondissements** qui sont retenus dans ce livre ont été choisis en fonction de l'âge des élèves de C.E.2, de leur aptitude à analyser certains types de documents et à comprendre certaines notions. Une pastille de couleur vous permet de les repérer dans le texte officiel ci-dessous. Un manuel destiné aux élèves du C.M. complète ce livre C.E.2. Par ailleurs, un guide pédagogique unique (cycle 3) fournit toutes les informations utiles à la mise en place d'activités scientifiques cohérentes et répond aux exigences de l'enseignement au Cycle des approfondissements.

Les auteurs.

## Programme de Sciences et Technologie
## Cycle des approfondissements

(B.O.E.N. n° 5, 9 mars 1995)

### Unité et diversité du monde vivant
● Le développement d'un être vivant (végétal ou animal) : naissance, croissance, âge adulte, vieillissement, mort. ●
● Les divers modes de reproduction animale ; la sexualité et la reproduction des humains. ●●
● L'approche écologique à partir de l'environnement proche : rôle et place des êtres vivants, notions de chaînes et de réseaux alimentaires. ●●
● Des traces de l'évolution des êtres vivants : quelques fossiles typiques. ●

### Le corps humain et l'éducation à la santé
● Les mouvements corporels dans le sport et le travail. ●●
● Les fonctions de nutrition. ●●
● Conséquences à court et à long terme de notre hygiène (actions bénéfiques ou nocives de nos comportements). ●●
● Principes simples de secourisme. ●●

### Le ciel et la Terre
● Le mouvement apparent du soleil ; la rotation de la Terre sur elle-même ; les points cardinaux et l'utilisation de la boussole ; le système solaire et l'Univers : l'aventure spatiale. ●
● Lumière et ombre. ●●
● Mesure du temps : unités de mesure, principe de quelques méthodes de mesure (clepsydre, cadran solaire, appareils mécaniques, utilisation d'appareils électroniques). ●
● Séismes et éruptions volcaniques. ●

### La matière et l'énergie
● L'eau : ébullition et évaporation, congélation ; le cycle de l'eau dans la nature. État liquide, état gazeux, état solide. ●
● Exemples de mélanges et de solutions réalisables en classe. ●●
● La qualité de l'air et de l'eau. ●
● Exemples simples de source et de production d'énergie ; consommation et économie d'énergie. ●

### Objets et réalisations technologiques
● Montages électriques :
– réalisation de circuits électriques simples alimentés uniquement à l'aide de piles ; rôle de la pile ; ses deux pôles ; ●●

– principes élémentaires de sécurité des personnes et des biens dans l'utilisation de l'électricité. ●
● Mécanismes : ●●
– leviers et balances : réalisation de l'équilibre ;
– objets mécaniques et électromécaniques ; transmission et transformation de mouvements. ●
● Objets et produits : ●●
– montage et démontage d'objets techniques simples ;
– réalisations technologiques d'objets usuels ou de maquettes.

### Informatique ●
● Quelques utilisations de l'informatique à l'école et dans l'environnement quotidien.
● Utilisation raisonnée d'un ordinateur et de quelques logiciels (traitement de texte, tableur et logiciels spécifiques à l'école primaire) dans le cadre de l'enseignement des champs disciplinaires ; approche des principales fonctions des micro-ordinateurs (mémorisation, traitement de l'information, communication).

● manuel CE2 ; ● manuel CM.

# Sommaire ... Sommaire ... Sommaire ... Sommaire

# Sommaire ... Sommaire ... Sommaire ... Sommaire

# De l'œuf à l'adulte

## Renseigne-toi

🐾 Parmi les animaux que tu connais, lesquels pondent des œufs ?

🐾 Cherche dans le dictionnaire le sens des mots : ponte, incubation, éclosion.

**1**

a

b

La poule couve ses œufs pendant trois semaines. Elle les conserve ainsi à une température constante proche de 40° : c'est l'**incubation.** Pendant cette période, le jeune poussin se développe dans l'œuf.

c

d

**De l'œuf à la poule.**

La poule couve ses œufs

Le poulet devient une poule

Le poussin devient un poulet

La poule pond

Un poussin sort de l'œuf

4

**2**

### Un escargot pond dans la terre.

### Activités

**1** Que représentent les photographies de ces deux pages ? Donne un titre à chacune d'elles.

**2** En utilisant les phrases écrites dans les étiquettes de la figure 1, trouve un moyen de présenter les principales étapes de la vie : de l'œuf à l'adulte. Sur ta représentation, écris au bon endroit les mots : ponte, éclosion, incubation, croissance.

**3** Dessine l'éclosion d'un œuf de truite (fig. 3).

**4** Parmi les animaux qui pondent des œufs, certains les couvent, d'autres non. Donne des exemples dans chacun des cas.

### J'ai découvert

Les animaux qui naissent à partir d'un œuf pondu par la femelle sont des *ovipares*. Selon les espèces, les œufs sont pondus sur terre ou dans l'eau et, dans la plupart des cas, abandonnés après la ponte. Les oiseaux cependant maintiennent leurs œufs à une température presque constante : c'est l'*incubation*.

Après sa naissance (éclosion), le jeune animal grandit et grossit. Devenu adulte, il peut à son tour se reproduire.

### Mots importants

ovipare, ponte, éclosion, incubation.

**3**

### Une truite a pondu dans l'eau.

# Petit poulain deviendra grand

## Renseigne-toi

❀ Comment naissent les chiens, les chats, les lapins... ?

❀ Cherche des photographies d'animaux en train d'allaiter.

❀ Connais-tu le sens du mot vivipare ? Sinon, cherche-le dans le dictionnaire.

**1**

### La naissance d'un poulain.

La vie d'un poulain ne commence pas le jour de sa naissance. Avant de naître, le poulain passe environ 11 mois dans le ventre de la jument. Cette période est appelée la gestation.

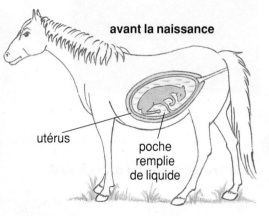

avant la naissance

utérus

poche remplie de liquide

Gestation

Naissance (mise bas)

Accouplement

Allaitement

Croissance

**2**

### Quelques étapes de la vie d'un poulain.

Le jeune poulain se relève et peut marcher une à deux heures après être sorti du ventre de sa mère. Il tète plusieurs fois par heure pendant la première semaine, et seulement toutes les deux heures vers 5 mois.

Vers 6 mois, il est sevré, c'est-à-dire séparé de sa mère. A cet âge, il peut se nourrir seul (d'herbe, de foin, de graines...).

Sa croissance se poursuit jusqu'à 5 ans environ, mais il est capable de se reproduire dès l'âge de 3 ans.

La vie d'un cheval dure de 18 à 25 ans.

| Age | Poids moyen (en kg) |
|---|---|
| à la naissance | 50 |
| 1 mois | 100 |
| 2 ans | 400 |
| adulte | 500 à 1 000 |

### Activités

**1** Donne un titre à chacune des photographies de la figure 1.

**2** Les étiquettes de la figure 1 sont dans le désordre. Place-les dans l'ordre pour montrer les étapes de la vie du poulain.

**3** Sur une bande horizontale représente la vie du poulain, place les informations données dans la figure 2.

**4** Combien la jument, la lapine, la chatte, la brebis peuvent-elles avoir de petits au cours d'une année ?

**5** Un petit chat est né le 7 mai. Quand a-t-il commencé à se former ?

**3**

### D'autres animaux vivipares.

| | Durée maximale de la vie (en années) | Durée de la gestation (en jours) | Nombre de petits par portée | Nombre de portées par an |
|---|---|---|---|---|
| le chat | 20 | 60 | 3 à 6 | 2 |
| le cheval | 25 | 335 | 1 | 1 |
| le chien | 20 | 65 | 2 à 10 | 2 |
| le hamster | 2 | 20 | 4 à 15 | 2 ou 3 |
| le lapin | 10 | 30 | 10 à 15 | 6 ou 7 |
| le mouton | 14 | 150 | 1 | 1 |
| le porc | 15 | 115 | 6 à 15 | 2 ou 3 |
| la souris | 4 | 21 | 4 à 10 | 4 ou 5 |

### J'ai découvert

Un poulain, un chaton, un lapereau... sortent vivants du ventre de leur mère. Les animaux qui naissent ainsi sont des vivipares ; ils appartiennent au groupe des mammifères.

Les jeunes mammifères tètent le lait de leur mère pendant un temps plus ou moins long selon les espèces.

### Mots importants

vivipare, gestation, allaitement, mammifère.

# Une grenouille raconte sa vie d'enfant

## Renseigne-toi

🔁 Un petit chat qui vient de naître ressemble déjà à ses parents. Ce n'est pas le cas de tous les animaux. Cherche des exemples.

🔁 Si tu trouves des têtards, installe-les dans un aquarium et observe leurs transformations.

**1**

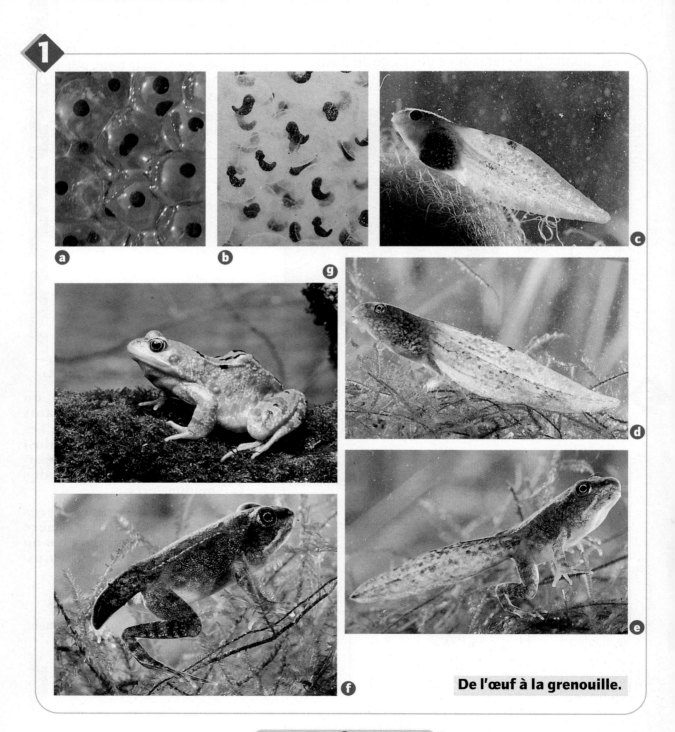

**De l'œuf à la grenouille.**

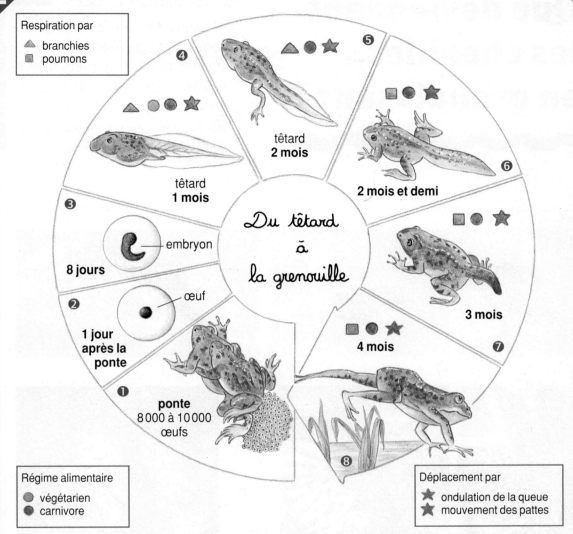

**Du têtard à la grenouille**

Respiration par
△ branchies
▢ poumons

④ têtard **1 mois**

⑤ têtard **2 mois**

⑥ **2 mois et demi**

③ **8 jours** — embryon

⑦ **3 mois**

② **1 jour après la ponte** — œuf

⑧ **4 mois**

① **ponte 8 000 à 10 000 œufs**

Régime alimentaire
● végétarien
● carnivore

Déplacement par
★ ondulation de la queue
★ mouvement des pattes

A l'éclosion, le jeune têtard reste deux ou trois jours fixé à une plante aquatique, puis il se met à nager. Il respire grâce à des branchies. Lorsqu'il est muni de quatre pattes, il commence à sortir de l'eau et respire par des poumons. Le têtard, animal aquatique, s'est progressivement transformé en grenouille capable de vivre hors de l'eau.

## Activités

**1** Indique les correspondances entre les photographies et les dessins (exemple : **a** = 2 ; **c** = 4).

**2** Décalque les photographies et colle-les sur un grand dessin de la mare que tu auras réalisé. Indique comment le têtard se déplace, de quoi il se nourrit.

**3** Comment respire un jeune têtard ? Comment respire une grenouille adulte ? Que constates-tu ?

**4** Cherche dans le dictionnaire le sens du mot « métamorphose ». Pourquoi dit-on que le têtard est la larve de la grenouille ?

## J'ai découvert

Certains animaux connaissent, au cours de leur croissance, des modifications très importantes de forme et de mode de vie. On dit qu'ils subissent des *métamorphoses*. On donne le nom de *larve* à un jeune animal dont l'aspect est très différent de celui de l'adulte.

### Mots importants

métamorphose, larve, têtard.

# Que deviennent les chenilles, en grandissant ?

**1**

a

b

c

d

e

f

g

h

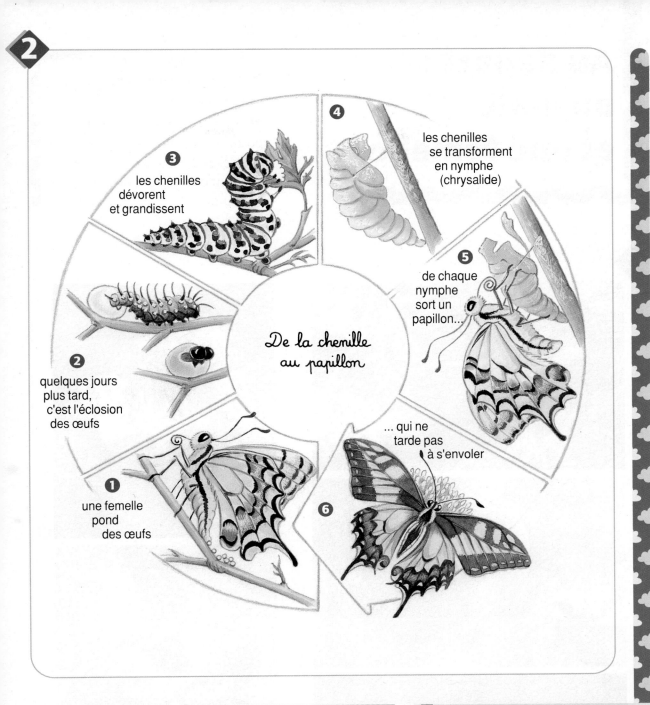

❸ les chenilles dévorent et grandissent

❹ les chenilles se transforment en nymphe (chrysalide)

❺ de chaque nymphe sort un papillon...

❷ quelques jours plus tard, c'est l'éclosion des œufs

*De la chenille au papillon*

❶ une femelle pond des œufs

... qui ne tarde pas à s'envoler

❻

## Activités

**1** Décalque certaines photographies de la figure 1 et, à l'aide de tes dessins, raconte l'histoire de ce papillon. Écris les mots : œuf, chenille, chrysalide, adulte.

**2** Comment se déplacent la chenille, la nymphe, l'adulte ? Que mange chacun d'eux ?

**3** Compare le cycle de vie de la grenouille (p. 9) à celui du papillon en précisant les ressemblances et les différences. Pourquoi parle-t-on de métamorphose dans les deux cas ?

**4** Tu peux acheter des asticots chez un marchand d'articles de pêche et suivre leurs transformations.

## J'ai découvert

Chez certains insectes, le jeune animal est très différent de l'adulte : c'est une *larve*. Après avoir effectué sa croissance, la larve devient une *nymphe* puis un *adulte*. La *métamorphose* est complète.

## Mots importants

larve, nymphe, adulte, métamorphose.

# Au départ : un mâle et une femelle

## Renseigne-toi

🌐 Connais-tu le sens du mot fécondation ?

🌐 Une poule qui vit seule dans un poulailler pond des œufs, mais ceux-ci n'éclosent jamais, même s'ils sont couvés normalement. Sais-tu pourquoi ?

**1**

a

d

b

e

c

**Chez de nombreux animaux, l'accouplement est nécessaire.**

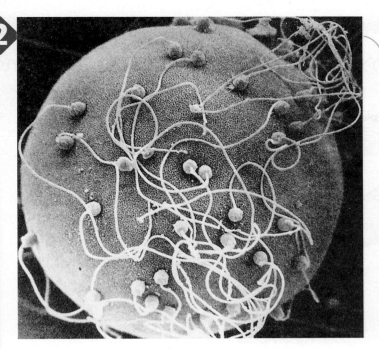

**2**

**2.** la grenouille mâle rejette alors ses spermatozoïdes

**3.** un spermatozoïde pénètre dans l'ovule : c'est la fécondation

spermato-zoïdes

ovules

1 ovule

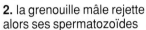

**1.** la grenouille femelle pond ses ovules dans l'eau

1 ovule + 1 spermatozoïde = 1 œuf

**La fécondation.**

## Activités

**1** Comment, sur les photographies de la figure 1, distingues-tu le coq de la poule ? le cheval mâle de la jument ? le papillon mâle du papillon femelle ?

**2** Décalque la photographie de la figure 2 et écris, à l'endroit qui convient, les mots : ovule, spermatozoïde.

**3** Propose une définition de la fécondation.

**4** D'après les informations présentes dans ces deux pages, précise le rôle du mâle et celui de la femelle dans la reproduction.

**5** Chez certaines espèces, la fécondation est « interne », chez d'autres elle est « externe ». Donne des exemples dans chacun des cas.

**3**

• Pour la plupart des animaux, l'accouplement du mâle et de la femelle est nécessaire pour assurer la rencontre entre ovule et spermatozoïde. La fécondation se produit alors dans le corps de la femelle.

• Chez les poissons et bien d'autres animaux aquatiques (moules, oursins...), il n'y a pas d'accouplement ; les ovules et les spermatozoïdes sont rejetés dans l'eau et leur rencontre se fait par hasard.

• Dans certains cas, comme chez la grenouille, l'accouplement déclenche la ponte des ovules qui sont immédiatement fécondés par les spermatozoïdes.

**Des modalités différentes selon les espèces.**

## J'ai découvert

Qu'il soit ovipare ou vivipare, un nouvel animal se forme toujours par développement d'un *œuf*. Celui-ci résulte de l'union d'un *ovule* produit par la femelle et d'un *spermatozoïde* produit par le mâle : cette union est appelée la *fécondation*.

Chez les animaux ovipares, l'œuf se développe hors du corps de la femelle. Chez les animaux vivipares, l'œuf se développe à l'intérieur du corps de la femelle.

### Mots importants

ovule, spermatozoïde, fécondation.

**1**

**1.** Voici une petite tortue en train de naître. Décris sa naissance.

**2.** Sa mère a pondu ses œufs dans un trou creusé dans la terre, dans un endroit abrité et ensoleillé. Elle les a ensuite abandonnés. Comprends-tu pourquoi ?

**3.** Cite d'autres animaux qui pondent des œufs.

**4.** Parmi les animaux qui pondent des œufs, quels sont ceux qui les couvent ?

**2**

Je suis aveugle et incapable de bouger
*le merle*

Je suis incapable de sortir du terrier où je suis né
*le lapin*

Je tète ma mère mais je peux me promener
*le lièvre*

Je peux marcher et nager mais ma mère me surveille de près
*le canard*

**1.** Voici de jeunes animaux le jour de leur naissance. Lesquels sont incapables de se déplacer ?

**2.** Lesquels ont absolument besoin de leur mère pour se nourrir ?

**3.** Parmi ces animaux, certains ont absolument besoin d'être protégés. Lesquels ?

**3**

Ils pondent tous des œufs sauf un. Cherche l'intrus.

*un lapin      un escargot      un papillon   un moineau*

**4**

**1.** Mets dans l'ordre les différentes étapes qui ont précédé la naissance de ces oisillons :

| incubation | construction du nid | accouplement | ponte |

| éclosion | fécondation |

**2.** A quel moment les oisillons vont-ils quitter le nid ?

**5**

On offre à Catherine deux souris blanches. Elle les installe dans une cage et attend avec impatience la naissance de petits souriceaux. Six mois plus tard, il n'y a toujours pas de petits dans la cage.

**1.** Quelles suppositions Catherine peut-elle faire ?

**2.** Thomas lui donne une de ses souris blanches. Les trois souris vivent alors dans la même cage. Y aura-t-il bientôt des petits ? A partir des suppositions que tu as faites, précise dans quels cas des naissances pourront avoir lieu.

**6** **Mots croisés**

**1.** Les femelles de ces animaux allaitent leurs petits.

**2.** Jeune animal qui ne ressemble pas à ses parents.

**3.** Se dit d'un animal dont la femelle pond des œufs.

**4.** Nourrir ses petits avec le lait de ses mamelles.

**5.** Se dit d'un animal dont les petits sortent vivants du ventre de leur mère.

**6.** Changement de forme se produisant chez certains animaux au cours de leur croissance.

**7.** Caractérise un animal capable de se reproduire.

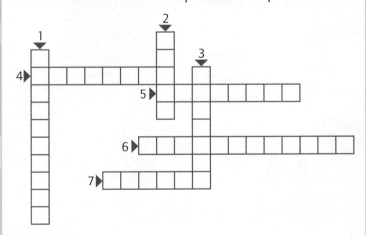

### Repère tes compétences

- **Je mobilise mes connaissances dans une situation nouvelle :** ❶ ❸ ❺ ❻

- **Je retrouve des mots à partir de leur définition :** ❻

- **Je trouve dans un texte les informations pour répondre à une question :** ❷

- **J'observe et tire des informations d'une photo :** ❶ ❹

- **Je retrouve la chronologie d'événements connus :** ❹

- **Je trouve la réponse par un raisonnement logique :** ❺

- **Je formule des hypothèses :** ❺

# Un arbre naît, grandit, et... meurt

## Renseigne-toi

❀ Dans du terreau, fais germer des glands, des marrons, des graines de pin, de pommier.

❀ Cherche dans le dictionnaire le sens des mots : arbre, arbuste, arbrisseau.

**1**

### Un marronnier, de la naissance à la mort.

Le marronnier commence à fleurir et à fructifier vers 10 ans. Sa croissance est rapide. En 20 ans, il atteint 9 mètres de haut et autant de large. Sa hauteur maximale est de 30 à 35 mètres. Il peut vivre plus de 200 ans.

En Grande Bretagne, un marronnier record atteint 34 mètres de haut et son tronc 6 mètres de circonférence !

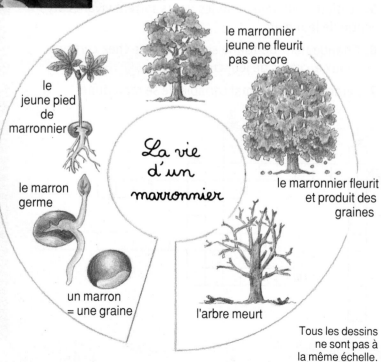

La vie d'un marronnier

le jeune pied de marronnier

le marron germe

un marron = une graine

le marronnier jeune ne fleurit pas encore

le marronnier fleurit et produit des graines

l'arbre meurt

Tous les dessins ne sont pas à la même échelle.

**Tous les arbres naissent, grandissent, se reproduisent et meurent.**

| Nom de l'arbre | Sa taille maximale | Il vit pendant... | Il grandit jusqu'à... | Il a ses premiers fruits vers... |
|---|---|---|---|---|
| le bouleau | 20 à 30 m | plus de 100 ans | 50 à 60 ans | 25 ans |
| le chêne pédonculé | 30 à 35 m | 500 ans (parfois 1 000) | 150 ans | 50 ans |
| le tilleul | 40 m | 1 000 ans | 150 ans | |
| le pin | 45 m | 400 à 600 ans | 100 ans | 50 ans |

## Activités

**1** Dessine un arbre de la cour de l'école ou d'un jardin proche, et écris, à la bonne place, les légendes suivantes : tronc, branche, racine, feuillage ou cime, feuille.

**2** Sur une frise horizontale représentant la vie d'un marronnier, place les informations données sur la figure 1.

**3** Choisis un arbre dans la figure 2, le chêne par exemple, et dessine son cycle de vie sur le modèle de celui de la figure 1 en plaçant les différentes étapes : germination, croissance, floraison, fructification.

## J'ai découvert

Comme les animaux, les plantes naissent, grandissent, se reproduisent, vieillissent et meurent. Ainsi, à partir d'un âge, variable selon les espèces, un arbre se reproduit, c'est-à-dire fleurit et fructifie. Les fruits contiennent des graines qui, en germant, redonnent de nouveaux arbres.

### Mots importants

floraison, fructification.

# Les arbres grandissent et grossissent

## Renseigne-toi

🐌 Coupe une branche de lilas, de tilleul ou de marronnier au mois de février ou de mars et place-la dans un bocal d'eau. Dessine ton rameau tous les deux ou trois jours.

🐌 Décortique un bourgeon de grosse taille. Que contient-il ?

**1**

**L'éclosion d'un bourgeon de tilleul.**

a  b  c

Un bourgeon contient une tige miniature portant de minuscules feuilles ; le tout est protégé par des écailles plus ou moins épaisses et imperméables. Au printemps, les écailles s'écartent, la petite tige s'allonge, les feuilles se déplissent et grandissent. Le bourgeon donne ainsi naissance à une nouvelle tige portant des feuilles.

d

18

**L'âge de l'arbre est inscrit dans son tronc.**

chêne

mélèze

couche annuelle

bois de printemps — — bois d'été

Chaque année, sauf pendant l'hiver, un arbre fabrique du bois dans son tronc et ses branches. Ainsi leur diamètre croît progressivement.

## Activités

**1** Décalque la photographie 1 **d** et légende ton dessin.

**2** A quoi servent les écailles d'un bourgeon ? Que deviennent-elles après l'éclosion du bourgeon ?

**3** Décalque les deux photographies de la figure 2. Quel était l'âge de ces arbres ? Sur ton dessin, indique, en rouge, l'endroit où se serait formé le nouveau bois si l'arbre n'avait pas été abattu.

**4** Pour un même arbre toutes les couches de bois n'ont pas toujours la même épaisseur. Trouve des explications possibles.

**5** Qui produit le plus de bois en un an, le chêne ou le mélèze ?

### J'ai découvert

**Un arbre grandit lors de l'éclosion des bourgeons. Sa croissance s'effectue donc seulement au printemps.**

**Les branches et le tronc d'un arbre grossissent en fabriquant, chaque année, une couche de bois sous l'écorce.**

### Mots importants

bourgeon, croissance, bois.

# Une plante miniature se réveille

## Renseigne-toi

✿ Mets différentes graines (pois, lentilles, blé, maïs, courge, radis...) à germer dans un mélange de terreau et de sable, et regarde-les grandir.

✿ Ouvre des graines de haricot, de pois, de fève que tu auras fait tremper dans l'eau pendant quelques heures.

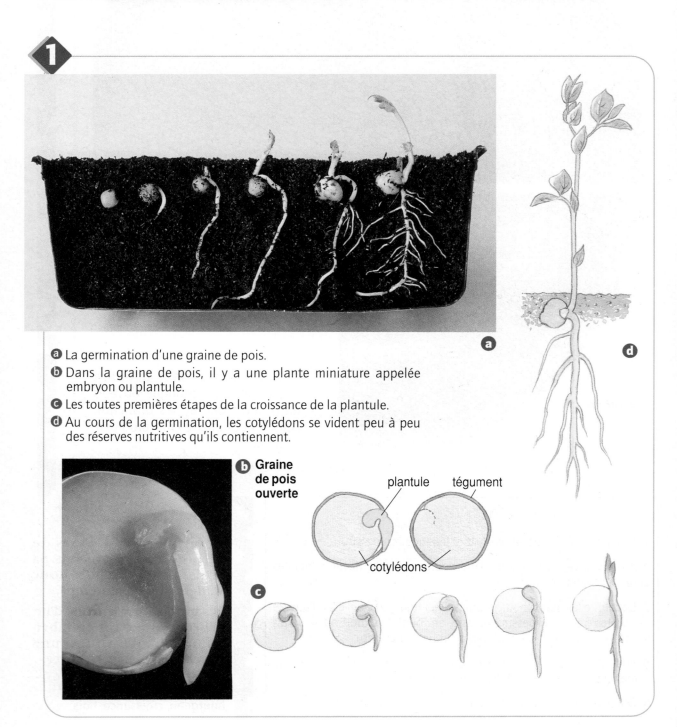

**a** La germination d'une graine de pois.

**b** Dans la graine de pois, il y a une plante miniature appelée embryon ou plantule.

**c** Les toutes premières étapes de la croissance de la plantule.

**d** Au cours de la germination, les cotylédons se vident peu à peu des réserves nutritives qu'ils contiennent.

**b** Graine de pois ouverte

plantule    tégument

cotylédons

## 2

### Toutes les graines contiennent une plante miniature.

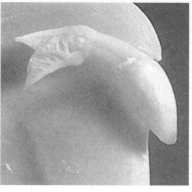

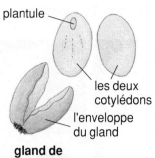

tégument

cotylédons

plantule

**graine de haricot**

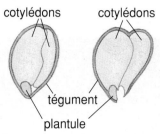

cotylédons

cotylédons

tégument

plantule

**pépin d'orange**

**pépin de pomme**

plantule

les deux cotylédons

l'enveloppe du gland

**gland de chêne**

### Activités

**1** Décalque les photographies de la figure 1 et dispose tes dessins en une frise pour raconter le début de l'histoire d'un pied de pois. Ecris les légendes : graine, cotylédon, racine, tige, feuille.

**2** Enumère les points communs entre les différentes graines de la figure 2. A quoi servent les réserves contenues dans les cotylédons des graines ?

**3** Comment « voyagent » les graines visibles sur la photographie de la figure 3 ?

**1**. tilleul ; **2**. orme ; **3**. salsifis ; **4**. charme ; **5**. clématite ; **6**. pin ; **7**. aigremoine.

## 3

### Comment se dispersent les graines ?

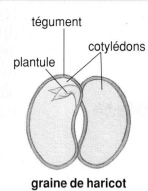

Certaines semences, entraînées par le vent, peuvent effectuer de longs voyages (elles font du « vol à voile ») ; d'autres s'accrochent à la fourrure des animaux (elles font de « l'animal-stop »).

### J'ai découvert

Dans toutes les graines, on trouve une petite plante miniature, la *plantule*, entourée de *cotylédons*, « sacs » contenant des réserves.

Au cours de la germination, la plantule grandit et devient la nouvelle plante, en utilisant d'abord les réserves de nourriture contenues dans la graine.

### Mots importants

graine, plantule, cotylédon, germination.

# Comment naissent les graines ?

## Renseigne-toi

☘ Observe des fleurs de coquelicot, de giroflée ou de genêt... et présente les stades successifs depuis le bouton floral jusqu'au fruit.

☘ Récolte des fruits sauvages. Que contiennent-ils ?

**1**

### Les transformations d'une fleur de pois de senteur.

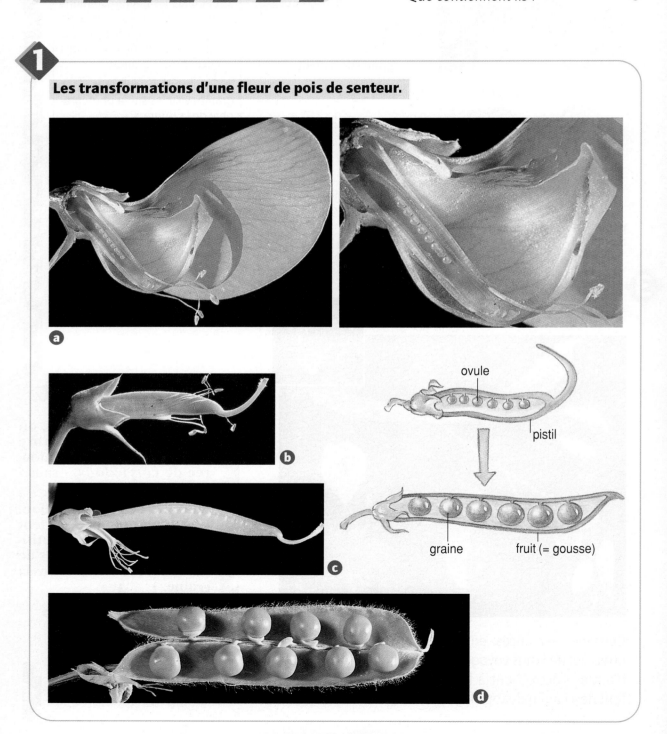

ovule

pistil

graine

fruit (= gousse)

## Quel est le rôle des étamines et celui du pollen ?

Chaque **étamine** d'une fleur produit des milliers de petits **grains de pollen**. Quand ils tombent sur l'extrémité du **pistil** d'une fleur de même espèce, ou quand ils y sont déposés par le vent ou par les insectes, ils assurent la **fécondation** des **ovules** contenus dans le pistil.

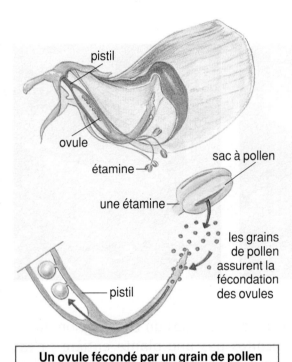

Un ovule fécondé par un grain de pollen devient une graine.

### Expérience

On supprime les étamines d'une fleur et on entoure cette fleur d'une toile fine afin d'éviter l'apport de pollen.

Les ovules ne grossissent pas. Le pistil se dessèche et tombe.

### Activités

**1** Donne un titre à chacune des photographies de la figure 1, puis réponds aux questions suivantes : Quelle partie de la fleur donne le fruit ? Quelles parties de la fleur donnent les graines ?

**2** A l'aide d'une feuille de papier calque, dessine le pistil de la fleur de pois et mets les légendes à ton dessin. Fais le même travail pour les photographies 1**ⓑ**, 1**ⓒ**, 1**ⓓ**.

**3** Quelle conclusion peux-tu dégager de l'expérience proposée sur la figure 2 ? Par analogie avec ce qui se passe chez les animaux, les étamines sont appelées organes mâles de la fleur et le pistil organe femelle. Explique pourquoi.

### J'ai découvert

Lorsqu'une *fleur* se fane, les *ovules* fécondés contenus dans le pistil deviennent des *graines*.

La *fécondation*, rencontre d'un grain de pollen et d'un ovule, est indispensable à la transformation du pistil en *fruit* et de ses ovules en graines.

### Mots importants
fleur, pistil, étamine, pollen, ovule, fécondation.

# De nombreuses plantes n'ont pas de graines

## Renseigne-toi

🍄 Connais-tu des plantes qui ne donnent jamais de fleurs ni de graines ?

🍄 Apporte en classe des touffes de mousses d'espèces différentes. Quelles sont leurs ressemblances ?

**1**

**La naissance d'un champignon.**

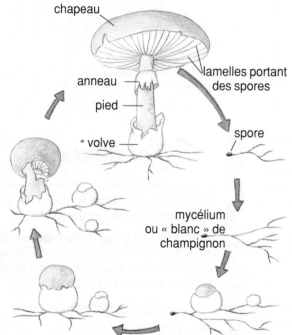

chapeau

anneau

pied

volve

lamelles portant des spores

spore

mycélium ou « blanc » de champignon

Quand tu cueilles un champignon, tu ne récoltes pas une plante entière ; c'est comme si tu cueillais une pomme sur un pommier. Ce qu'on appelle habituellement un « champignon » n'est que « le fruit » d'une plante souterraine formée de filaments blancs enchevêtrés appelés **mycélium**. Ces filaments se sont formés à partir de la germination des **spores** contenues dans le chapeau du champignon.

Ce sont aussi des filaments de mycélium qui forment les moisissures qui se développent sur le bois mort, certains fromages...

Les champignons décomposent les substances animales et végétales dont ils se nourrissent. Ce sont des « **décomposeurs** ».

## ❷ La naissance d'un pied de mousse.

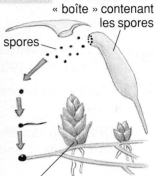

« boîte » contenant les spores

spores

nouveau pied de mousse

Certaines touffes de mousse sont hérissées de petites « boîtes » allongées qui contiennent des spores microscopiques. Chaque spore est une « semence » que le vent transporte facilement.

### Activités

**1** En utilisant les informations données dans la figure 1, écris un texte expliquant comment naissent les champignons.

**2** Fais pousser des moisissures sur du pain humide. Comme pour le champignon de la figure 1, dessine leur cycle de développement.

**3** Les mousses sont des plantes immobiles. Sous quelle forme peuvent-elles cependant « se déplacer » ?

**4** Les fougères fleurissent-elles ? Ont-elles de la chlorophylle ?

**5** Récolte des végétaux au bord d'un chemin, sur des troncs d'arbre, sur des murs ou des rochers, sur le sol de la forêt... et essaie de trouver à quel groupe ils appartiennent.

## ❸ Selon leur mode de reproduction, on classe les plantes en deux grands groupes.

**LES VÉGÉTAUX**

| qui fleurissent et produisent des graines | qui ne fleurissent pas et ne produisent pas de graines |
|---|---|
| ● **arbres et arbustes** (ex: le chêne) ● **plantes herbacées** (ex: le fraisier) | ● **fougères** ● **mousses** ● **lichens** ● **algues** ✖ **champignons** |

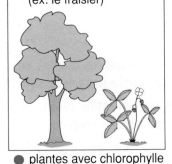

● plantes avec chlorophylle          ✖ plantes sans chlorophylle

### J'ai découvert

Les **champignons**, les **mousses**, les **fougères**, les **algues**, les **lichens** sont des végétaux qui ne fleurissent pas et ne produisent donc pas de graines. Ils se reproduisent au moyen de *spores* qui assurent leur multiplication et leur transport.

Le mode de reproduction est un critère utilisé par les scientifiques pour classer les végétaux.

### Mots importants

spore, mycélium de champignon, chlorophylle.

**1**

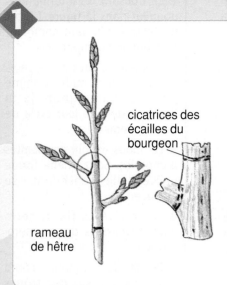

cicatrices des écailles du bourgeon

rameau de hêtre

Le dessin représente un rameau de hêtre coupé pendant l'hiver 1994-1995.

**1.** Combien ce rameau portait-il de feuilles pendant l'été 1994 ?

**2.** Dessine le rameau et indique par des flèches à quels endroits il portait des feuilles pendant l'été 1994.

**3.** Colorie avec des couleurs différentes les pousses qui correspondent aux différentes années (1994, 1993 et 1992).

**4.** Dessine ce rameau tel qu'il était pendant l'hiver 1993.

**2**

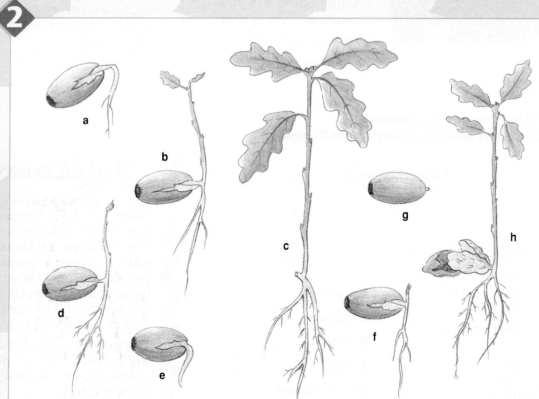

a
b
c
d
e
f
g
h

**1.** Dans quel ordre faut-il placer ces dessins pour raconter la naissance d'un chêne.

**2.** Décalque le dessin **h**. Colorie les cotylédons en jaune, l'enveloppe du gland en marron, le jeune chêne en vert, les racines en orangé. Indique d'un trait la surface du sol.

**3.** Les cotylédons persistent-ils quand le chêne grandit ? A quoi ont-ils servi ?

**3**

**1.** Décalque cette photographie de fleur de cerisier et, sur ton dessin, mets les légendes : sépale, pétale, étamine, pistil.

**2.** Quelle partie de la fleur donnera une cerise ? Que faut-il pour que cette transformation se produise ?

**4**

### Quelle est la réponse exacte ?

• L'arbre qui produit des glands s'appelle
– un glandier,
– un églantier,
– un chêne.
• L'arbre qui produit des noix s'appelle
– un noisetier,
– un noyer,
– un amandier.

### Cherche les intrus :

Ils ont tous des fleurs sauf deux :
un champignon, un platane, un pin, une tulipe, une fougère.

**5**

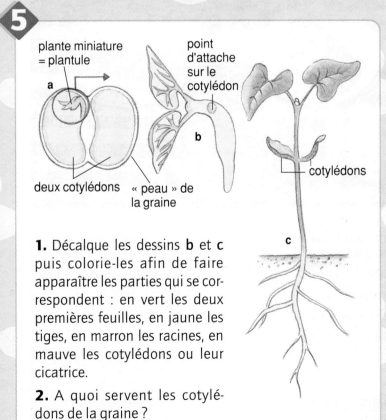

plante miniature = plantule

a

point d'attache sur le cotylédon

b

cotylédons

deux cotylédons   « peau » de la graine

c

**1.** Décalque les dessins **b** et **c** puis colorie-les afin de faire apparaître les parties qui se correspondent : en vert les deux premières feuilles, en jaune les tiges, en marron les racines, en mauve les cotylédons ou leur cicatrice.

**2.** A quoi servent les cotylédons de la graine ?

## Repère tes compétences

• Je mobilise mes connaissances dans une situation nouvelle : ❶ ❷ ❸

• Je sais faire un dessin : ❶ ❸

• Je sais établir une chronologie à partir de dessins : ❷

• Je comprends des dessins : ❷ ❺

• Je tire des informations de l'observation d'une photographie : ❸

• Je mets correctement la légende d'un dessin : ❸

• Je sais comparer : ❺

# Les secrets d'une bonne alimentation

## Renseigne-toi

🍩 Fais une liste des divers produits obtenus à partir du lait.

🍩 La farine de blé est utilisée pour la fabrication de nombreux aliments. Cite quelques-uns d'entre eux.

## Les recettes du chef

**Tarte aux pommes**
- 200 g de farine
- 100 g de beurre
- ½ verre d'eau
- une pincée de sel
- 1 kg de pommes

**Confiture d'abricot**
- 5 kg d'abricots
- 5 kg de sucre

**Couscous**
(pour 4 personnes)
- 900 g d'épaule de mouton
- 3 merguez
- 200 g de couscous
- 3 oignons
- 2 tomates, 2 courgettes
- 1 poireau, 2 carottes
- 100 g de pois chiches
- 1 verre d'huile
- 50 g de beurre

| THOMAS | FABIEN |
|---|---|
| • poulet | • pâtes |
| • purée | • haricots secs |
| • camembert | • frites |
| • éclair au chocolat | • tarte (2 portions) |

Les repas d'une journée doivent obligatoirement contenir au moins un aliment de chacun de ces sept groupes.

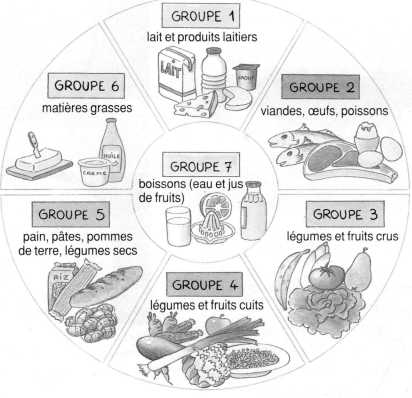

GROUPE 1
lait et produits laitiers

GROUPE 6
matières grasses

GROUPE 2
viandes, œufs, poissons

GROUPE 7
boissons (eau et jus de fruits)

GROUPE 5
pain, pâtes, pommes de terre, légumes secs

GROUPE 3
légumes et fruits crus

GROUPE 4
légumes et fruits cuits

## Activités

**1** Fais la liste des aliments présentés sur la photographie de la figure 1. Dans cette liste souligne en vert les aliments d'origine végétale, en rouge les aliments d'origine animale.

**2** Que représente le dessin de la figure 2 ? Sur une grande feuille de papier, fais le contour du dessin et illustre-le (par exemple en découpant des aliments dans un dépliant publicitaire).

**3** Établis la liste des aliments présents sur le plateau de Géraldine (photographie) et dans le menu de Thomas. Que doivent manger, le soir, ces deux enfants pour respecter la règle des médecins spécialistes ?

**4** Le menu de Fabien est-il raisonnable ? Explique ta réponse.

**5** Compose un menu pour chacun des repas d'une journée.

## J'ai découvert

Pour rester en bonne santé, il faut avoir une *alimentation variée et équilibrée*. Les *repas d'une journée* doivent apporter au moins un aliment de chacun des sept groupes établis par les médecins spécialistes.

### Mots importants

alimentation équilibrée.

# Pour garder tes dents en bonne santé

## Renseigne-toi

❀ Combien as-tu de dents ? Pour répondre, regarde tes dents dans un miroir.

❀ Sais-tu pourquoi il faut se brosser régulièrement les dents ?

**1**

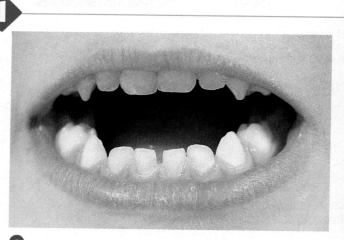

**a**

Nos mâchoires portent trois sortes de dents :

— à l'avant des dents larges, plates et coupantes, les **incisives** ;

— sur les côtés, des dents, à surface bosselée, qui servent à écraser les aliments au cours de la mastication, les **molaires** ;

— entre les deux, des **canines** pointues.

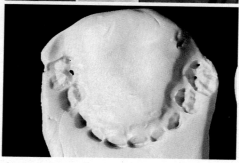

**b**

Les dents de Thomas ▲

comme lui
lavez-vous
les dents

Edité et diffusé par le Comité français d'Education pour la Santé

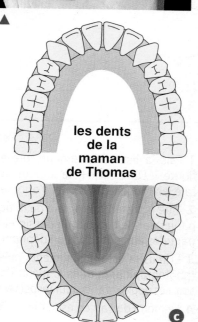

les dents de la maman de Thomas

**c**

## 2

### Pourquoi a-t-on mal aux dents ?

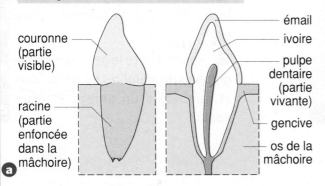

couronne (partie visible)

racine (partie enfoncée dans la mâchoire)

émail
ivoire
pulpe dentaire (partie vivante)
gencive
os de la mâchoire

**a**

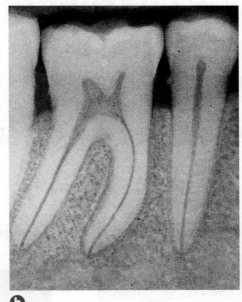

**b**

Quand tu manges un bonbon ou un gâteau, une pellicule de sucre recouvre tes dents. En une ou deux minutes, des millions de microbes contenus dans cette pellicule transforment le sucre en acide. Ce dernier attaque la dent sans que tu t'en rendes compte.

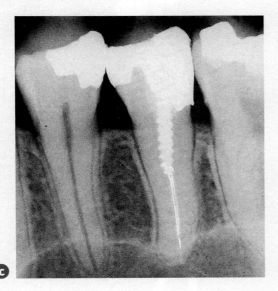

**c**

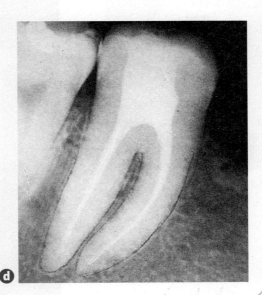

**d**

### Activités

**1** Quand tu mords dans une pomme, quelles sont les dents qui te servent à couper un morceau ?

**2** Décalque les dents de la photographie 1 **a** et écris les mots incisive, canine, molaire. A quoi reconnais-tu ces différentes dents ?

**3** Thomas a pris une empreinte de ses dents (photo 1 **b**). Dessine cette empreinte et légende ton dessin. As-tu les mêmes dents que Thomas ? Sont-elles placées aux mêmes endroits ?

**4** A l'aide de papier calque, dessine les radiographies de la figure 2 et indique les légendes : émail, ivoire, pulpe dentaire, ciment déposé par le dentiste.

### J'ai découvert

**Nos mâchoires portent trois sortes de dents : les incisives, les canines et les molaires.**

**Les dents sont des organes vivants, très fragiles, qu'il faut soigneusement brosser chaque jour.**

### Mots importants

incisive, molaire, ivoire, émail.

# Une charpente articulée de 206 os

## Renseigne-toi

🐚 Apporte les os d'une patte de lapin et essaie de les articuler entre eux.

🐚 Apporte, si tu le peux, des radiographies de membres humains (bras et jambes) d'un enfant et d'un adulte.

**1**

**Le squelette assure la rigidité du corps.**

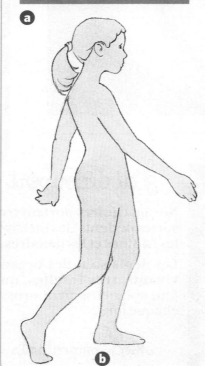

**a**

**b**

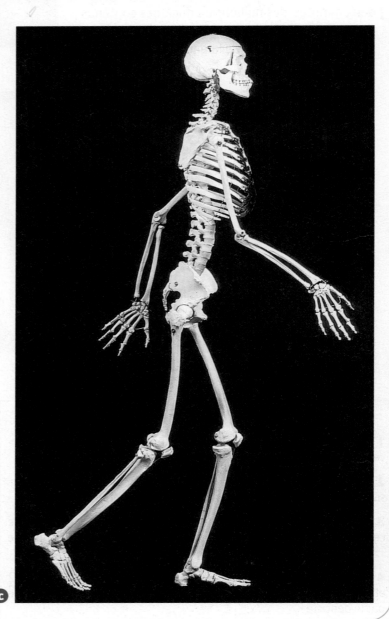

**c**

**2**

## Une grande variété de mouvements possibles.

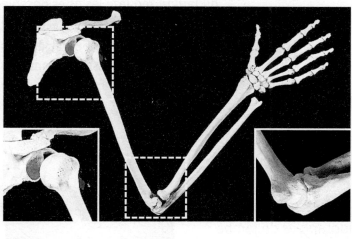

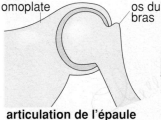

omoplate
os du bras

os du bras

os de l'avant-bras

**articulation de l'épaule**　　**articulation du coude**

**3**

## Les charnières sont bien huilées.

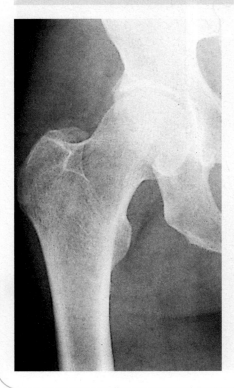

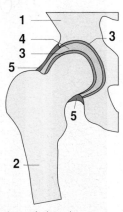

1. os du bassin.
2. os de la cuisse
3. cartilage blanc et lisse qui recouvre la tête de l'os.
4. liquide huileux.
5. ligaments très résistants qui attachent solidement les os entre eux.

### Activités

**1** Décalque la silhouette 1**b** et indique par de gros points rouges les articulations du membre postérieur droit (hanche, genou, cheville). Fais le même travail pour le membre antérieur droit.

**2** Ecris sur ton dessin les légendes : cuisse, jambe, pied, bras, avant-bras, main, hanche, genou, cheville, épaule, coude, poignet.

**3** Décalque à nouveau la silhouette 1**b** et dessine de façon schématique les os du bras, de l'avant-bras, de la cuisse et de la jambe.

**4** Quelle articulation fais-tu fonctionner quand tu mimes, bras tendus, les ailes d'un moulin ? Peux-tu faire le même mouvement au niveau du coude ? La figure 2 te permet-elle d'expliquer les différences constatées ?

**5** Dans une articulation, quel est le rôle des ligaments ? du liquide huileux ?

### J'ai découvert

Le squelette est un assemblage d'os ; il constitue le support rigide du corps.

Les os sont attachés les uns aux autres par des ligaments.

Les articulations permettent une très grande variété de mouvements.

### Mots importants

squelette, os, articulation, ligaments.

# Les os sont vivants

## Renseigne-toi

🦴 Quand tu manges du poulet ou du lapin... regarde les os et observe les cartilages de croissance.

🦴 Casse un os de poulet et imagine ce qui se passerait dans ton bras ou dans ta jambe si un os se cassait ainsi.

**1**

### Les os grandissent.

Voici, à la même échelle, deux radiographies de jambe : celle d'un enfant et celle d'un adulte.

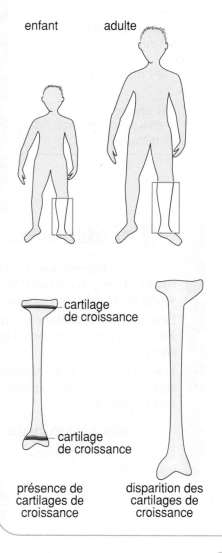

enfant      adulte

cartilage de croissance

cartilage de croissance

présence de cartilages de croissance

disparition des cartilages de croissance

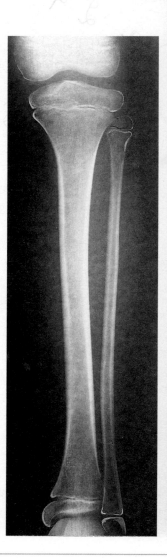

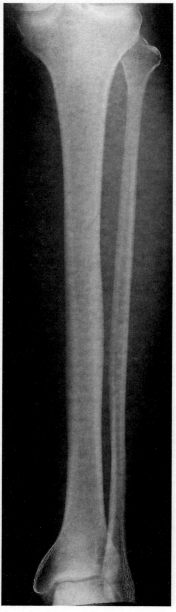

## ② Les os cassés se réparent.

Ces deux radiographies ont été prises sur la même personne à plusieurs semaines d'intervalle.

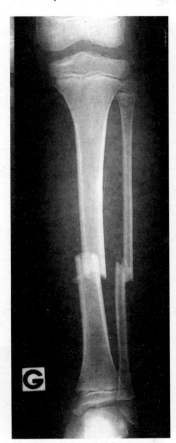 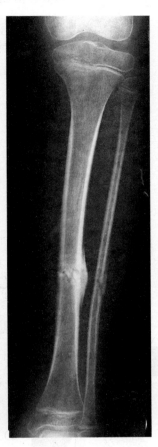

### Activités

**1** Après l'étude de la figure 1, explique comment on reconnaît si une radiographie est celle d'un enfant ou celle d'un adulte.

**2** Pose une feuille de papier calque sur la première radiographie de la figure 2 et dessine les os cassés. Mets une légende à ton dessin.

**3** Sur la seconde radiographie de la figure 2, on voit un cal de consolidation. Fais aussi, sur ton papier calque, le dessin de cette radiographie et propose une légende.

**4** Lorsqu'une personne se fait une entorse, on maintient son articulation immobile pendant plusieurs jours, soit par un bandage, soit par un plâtre. D'après toi, quel intérêt présente ce traitement ?

## ③ Qu'est-ce qu'une entorse ?

Si un de tes camarades s'est « foulé » la cheville, il souffre d'une **entorse**. Il ne s'agit pas d'une fracture mais d'un allongement, ou d'une déchirure, des **ligaments** au niveau de l'**articulation**.

**articulation normale**          **articulation après entorse**

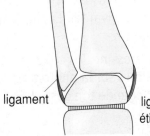 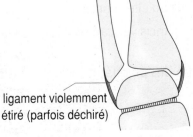

ligament          ligament violemment étiré (parfois déchiré)

### J'ai découvert

Les os sont durs et rigides comme de la pierre ; on pourrait donc supposer qu'ils ne sont pas vivants. Pourtant, ils grandissent quand tu grandis, ils se réparent en cas de fracture...

Un os est parcouru par des vaisseaux sanguins (plus fins que des cheveux très fins) qui lui apportent la nourriture dont il a besoin.

### Mots importants

cartilage de croissance.

**1**

Pour avoir un petit déjeuner complet, les médecins spécialistes de l'alimentation conseillent de consommer : une boisson, un produit laitier, du pain et des céréales.

**1.** Que manges-tu et que bois-tu le matin à ton petit déjeuner ?

**2.** Fais la liste de tous les « produits laitiers » que tu connais.

**3.** Compose un « menu » de petit déjeuner en respectant la règle indiquée ci-dessus.

**2**

Le dessin représente les dents d'un enfant de 6 ans.

**1.** Combien a-t-il de dents ?

**2.** Décalque le dessin et indique les mots : incisive, canine, molaire.

**3.** A quoi servent les incisives ? et les molaires ?

**3**

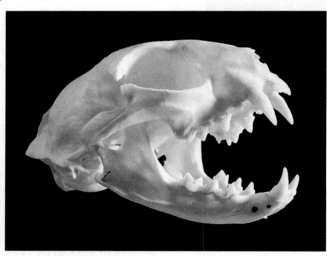

La photographie présente une tête osseuse de chat.

**1.** Décalque les mâchoires et les dents qu'elles portent.

**2.** Indique sur ton dessin les mots : incisive, canine, molaire.

**3.** Les canines du chat ressemblent à des poignards. A quoi peuvent-elles servir ?

**4**

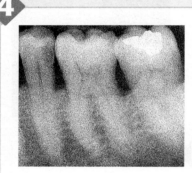

**1.** Que représente cette photographie ?

**2.** A quoi correspond la zone très blanche visible sur la dent de droite ?

**3.** Cette dent est-elle encore vivante ? Explique ta réponse.

**4.** Dessine les trois dents visibles sur la photographie et légende ton dessin.

**5**

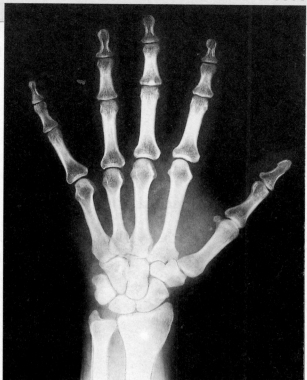

**1.** Main d'adulte ou main d'enfant ?

**2.** Place un papier calque sur cette radiographie ; dessine les os puis trace le contour de la main. Indique, à l'aide d'un crayon rouge, les endroits où les doigts peuvent se plier.

**6**

• Nadine explique : « les os ne peuvent pas se contracter ; ils ne sont donc pas vivants ». Est-ce exact ?

• Pascal n'aime pas se laver les dents. Que lui dirais-tu pour qu'il pense à le faire après chaque repas ?

• **Vrai ou faux ?**
Les ligaments attachent solidement les os les uns aux autres au niveau d'une articulation.

**7**

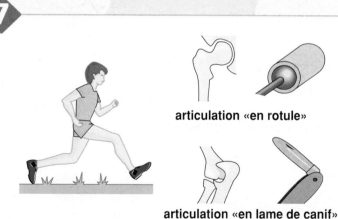

articulation «en rotule»

articulation «en lame de canif»

On trouve dans notre corps deux types d'articulations.

**1.** Reproduis la silhouette et indique, avec un point rouge, les articulations « en rotule », avec un point bleu, les articulations « en lame de canif ».

**2.** Quels types de mouvements te permet de faire une articulation que tu as marquée en rouge ?

## Repère tes compétences

• **Je sais utiliser les informations contenues dans un texte : ❶**

• **Je mobilise mes connaissances dans une situation nouvelle : ❶ ❷ ❹ ❺ ❻**

• **Je tire des informations de l'observation d'une photographie : ❸ ❹ ❺**

• **Je comprends un dessin ou un schéma : ❷ ❼**

• **Je mets la légende d'un dessin : ❷ ❸ ❹**

# A la découverte des arbres et des arbustes

## Renseigne-toi

🌀 Cherche dans le dictionnaire ce que signifient les mots : arbre, arbuste.

🌀 Cite des arbres et des arbustes qui restent verts en hiver, des arbres et des arbustes qui perdent leurs feuilles en automne.

**Les feuillus.**

tilleul

On appelle **"feuillus"** les arbres et les arbustes dont les feuilles ont un limbe développé, large et aplati, soutenu par des nervures.

● *Feuillus à feuilles simples*

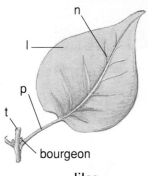

lilas

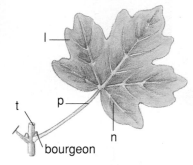

érable

érable

● *Feuillus à feuilles composées*

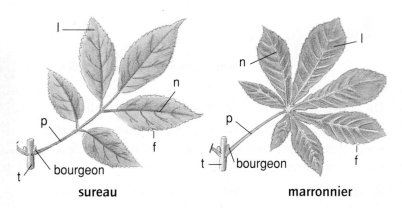

sureau

marronnier

bouleau

t : tige ; p : pétiole ; l : limbe ; n : nervures.
Le limbe des feuilles composées est formé de plusieurs folioles (f).

**2**

## Les conifères (ou résineux).

● **Les feuilles des conifères** sont en **aiguilles** (feuilles allongées très étroites), ou en forme de petites **écailles**.

épicéa

cèdre

thuya

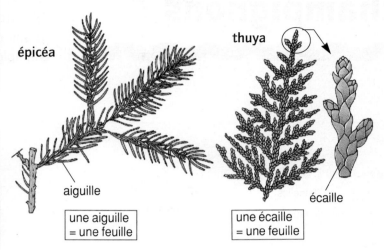

épicéa

thuya

aiguille

| une aiguille = une feuille |
|---|

écaille

| une écaille = une feuille |
|---|

● **Les conifères ont un fruit caractéristique :** un **cône** formé d'écailles rigides cachant les graines.

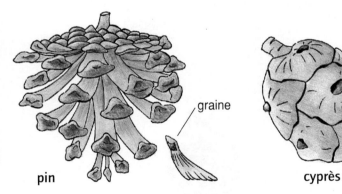

pin

graine

cyprès

## Activités

**1** Récolte des feuilles dans la nature. Sépare-les en deux groupes : feuillus et conifères. Répartis ensuite les feuilles des feuillus en deux groupes (feuilles composées et feuilles simples).

**2** Dessine une feuille simple et indique les légendes : pétiole, limbe, nervures, tige, bourgeon.

**3** Fais une collection de cônes de conifères (pommes de différents pins, cônes de sapin, de thuya...).

**4** Réalise un herbier de feuilles d'arbres et d'arbustes.

**5** Pourquoi le pin, le sapin... sont-ils appelés résineux ?

## J'ai découvert

Il existe deux grands groupes d'arbres et d'arbustes : les *feuillus* et les *conifères* (souvent appelés *résineux* par les forestiers). La plupart des feuillus ont des feuilles caduques qui tombent avant l'hiver. Certains feuillus et la plupart des conifères ont des feuilles persistantes : l'arbre reste vert pendant tout l'hiver.

### Mots importants

feuillus, conifères, feuilles caduques.

# Comment trouver le nom des champignons ?

## Renseigne-toi

🍄 Apporte en classe divers champignons, et regroupe ensemble ceux qui se ressemblent. Explique ton classement.

🍄 Cite le nom de trois champignons comestibles et celui d'un champignon mortel.

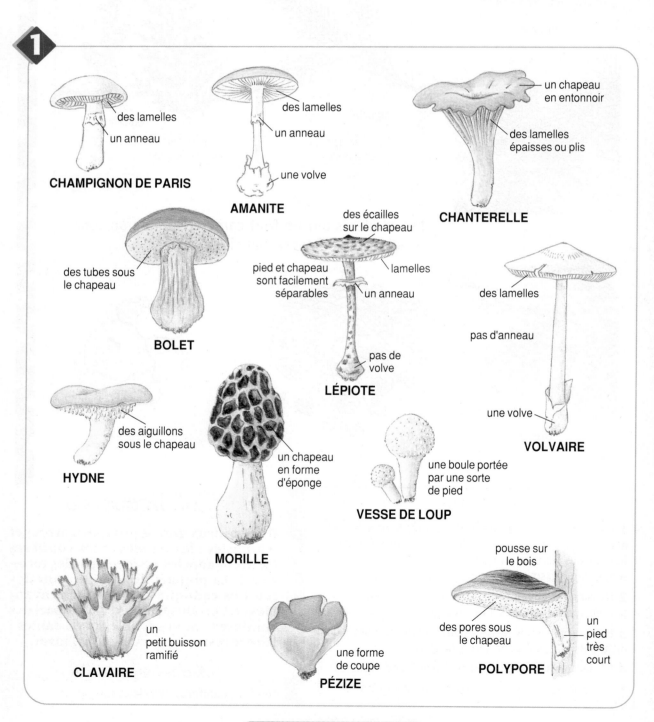

**1**

CHAMPIGNON DE PARIS
— des lamelles
— un anneau

AMANITE
— des lamelles
— un anneau
— une volve

CHANTERELLE
— un chapeau en entonnoir
— des lamelles épaisses ou plis

BOLET
— des tubes sous le chapeau

LÉPIOTE
— des écailles sur le chapeau
— pied et chapeau sont facilement séparables
— lamelles
— un anneau
— pas de volve

VOLVAIRE
— des lamelles
— pas d'anneau
— une volve

HYDNE
— des aiguillons sous le chapeau

MORILLE
— un chapeau en forme d'éponge

VESSE DE LOUP
— une boule portée par une sorte de pied

CLAVAIRE
— un petit buisson ramifié

PÉZIZE
— une forme de coupe

POLYPORE
— pousse sur le bois
— des pores sous le chapeau
— un pied très court

40

Un champignon qu'il faut absolument connaître : l'amanite phalloïde. Elle est responsable de 95 pour cent des morts dues à l'ingestion de champignons !

## Activités

**1** En utilisant les documents de ces deux pages, dessine une amanite et écris les mots : chapeau, pied, volve, anneau, lamelles. Fais le même travail pour un bolet. Attention aux légendes.

**2** Cite trois champignons à lamelles et trois champignons sans lamelles.

**3** A quoi reconnaît-on une amanite ? un bolet ? une vesse de loup ? un polypore ? Explique oralement.

**4** Décalque les photographies de la figure 2, puis écris sur tes dessins le nom des champignons et ce qui te permet de les identifier.

**5** Certaines amanites sont comestibles, d'autres sont toxiques et trois espèces sont mortelles. A quoi reconnaît-on l'amanite phalloïde ?

# Que mangent les animaux dans la nature ?

**Renseigne-toi**

🐢 Que mange un chat, un chien, un canari… ?

🐢 Renseigne-toi sur les aliments des animaux de la ferme : une vache, une poule, un canard…

**1**

**A chacun son menu.**

**Menu du lièvre**
- graines
- herbes
- écorces
- bourgeons

**Menu du chat sauvage**
- oiseaux
- petits mammifères
- serpents
- lézards

**Menu de l'écureuil**
- noix, noisettes
- glands
- châtaignes
- graines de pin

**Menu du sanglier**
- fruits
- racines
- graines
- vers
- insectes

**Menu du moineau**
- graines
- miettes de pain
- insectes
- vers de terre
- fruits sauvages

**Menu de la chouette**
- mulots
- campagnols
- oiseaux
- insectes

**Menu du lézard**
- mouches
- criquets
- coccinelles
- chenilles

**Menu de l'araignée**
- papillons
- mouches

42

## 2

### Que mange-t-il le plus ?

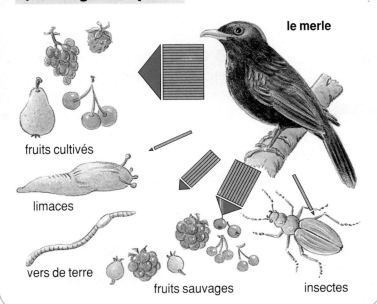

fruits cultivés

limaces

vers de terre

fruits sauvages

insectes

le merle

## 3

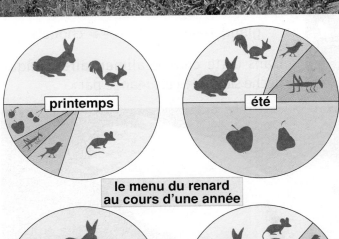

printemps

été

le menu du renard
au cours d'une année

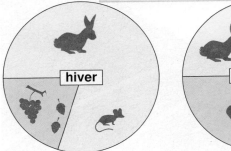

hiver

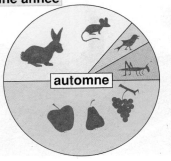

automne

## Activités

**1** Pourquoi dit-on que l'écureuil est végétarien, et que le chat sauvage est carnivore ?

**2** En utilisant leurs menus présentés sur la figure 1, indique quels sont les animaux végétariens, carnivores, omnivores.

**3** Que représente la largeur des flèches de la figure 2 ? Quel est le régime alimentaire du merle ? Quels aliments préfère-t-il ?

**4** Un lapin mis en élevage mange des carottes, de la laitue, des feuilles de chou, du pain sec... Quelle expérience peut-on faire pour savoir quels aliments il préfère ?

**5** Observe le régime alimentaire du renard au cours des différentes saisons (fig. 3). Le menu est-il toujours le même ?

### J'ai découvert

Pour vivre, les animaux ont besoin de manger et de boire. Certains mangent des végétaux : ce sont des *végétariens*. D'autres mangent des animaux : ce sont des *carnivores*. Les animaux qui mangent à la fois des aliments d'origine animale et d'origine végétale sont des *omnivores*.

### Mots importants

régime alimentaire, végétarien, carnivore, omnivore.

# Manger, puis être mangé

## Renseigne-toi

🐛 Un lapin, dans sa cage, mange des carottes, de la laitue... Que mangerait-il s'il était dans la forêt ?

🐛 Les animaux carnivores ne mangent pas de plantes. Pourraient-ils se nourrir s'il n'y avait plus de végétaux sur terre ?

**Une histoire dans le jardin.**

Ces dessins racontent une histoire dans l'ordre où elle s'est passée. C'est pourquoi les scientifiques l'écrivent ainsi :

gland ⟶ mulot ⟶ chouette

Dans cette **chaîne alimentaire**, chaque flèche signifie : « est mangé par ».

## Qui mange l'autre ?

Des chenilles rongent
les feuilles d'un pommier.

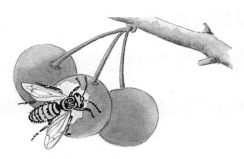

Cette guêpe gourmande trouve
délicieuses les cerises du jardin.

Le rouge-gorge du jardin
se régale de chenilles.

La mésange apporte
la guêpe à ses petits.

Le geai a tué le rouge-gorge
et se prépare à le manger.

Le chat a surpris la mésange
et va la dévorer.

### Activités

**1** Raconte l'histoire qui s'est déroulée dans le jardin (fig. 1). Combien d'êtres vivants met-elle en scène ? Dans quel ordre interviennent ses acteurs ?

**2** La figure 2 raconte deux autres histoires. Ecris-les sous forme de « chaînes alimentaires ».

**3** S'il n'y avait pas de plantes dans le jardin, les animaux végétariens ne pourraient plus manger. Et les animaux carnivores le pourraient-ils ?

**4** Un animal carnivore peut-il se trouver au deuxième maillon d'une chaîne alimentaire ?

### J'ai découvert

S'il n'y avait pas de plantes, les animaux végétariens, puis les animaux carnivores ne trouveraient plus à manger.

Une *chaîne alimentaire* est une représentation du trajet de la nourriture depuis les plantes (premier maillon) jusqu'aux animaux carnivores.

### Mots importants

chaîne alimentaire, maillon.

# Et si un maillon venait à manquer ?

## Renseigne-toi

❀ Sais-tu ce qu'est une chaîne alimentaire ?

❀ Renseigne-toi sur le sens du mot « milieu », pour un biologiste. Pour ce dernier, une forêt, une mare, une haie, une prairie... sont des milieux.

**1**

### Les chaînes alimentaires sont entremêlées.

Dans une forêt, vivent ensemble non seulement des arbres (chênes, bouleaux, pins...), mais aussi d'autres végétaux (mousses, champignons, noisetiers...) et de très nombreux animaux.

Voici quelques-uns de ces acteurs.

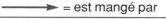

= est mangé par

fauvette

glands

écureuil

martre

épervier

abeille

homme

pigeon ramier

lapin

herbe

graines

nectar des fleurs

## Que se passerait-il s'il n'y avait pas de carnivores ?

Tu connais bien la coccinelle, mais sais-tu ce qu'elle mange ? Qu'elle soit jeune ou adulte, elle dévore des pucerons. On a calculé que, en un mois, une coccinelle et ses petits, nés pendant cette période, dévorent environ 40 000 pucerons !

Pour comprendre pourquoi la coccinelle est l'amie des jardiniers, il faut savoir qu'une femelle de puceron, comme celle de la photographie, peut mettre au monde, chaque jour, douze petits. Aussitôt nés, ces « enfants », tous femelles, piquent la plante pour aspirer la sève dont ils se nourrissent. Le lendemain de leur naissance, ces jeunes femelles sont capables, comme leur mère, de donner naissance, chaque jour, à une douzaine de petits. Comprends-tu maintenant pourquoi le jardinier n'aime pas du tout les pucerons, mais aime beaucoup les coccinelles ?

## Activités

**1** Que représentent les flèches du dessin de la figure 1 ?

**2** Ecris trois chaînes alimentaires parmi celles qui sont représentées sur le dessin de la figure 1. Quel est le premier maillon de chacune d'elles ?

**3** Les animaux carnivores de la forêt pourraient-ils se nourrir si les plantes disparaissaient ?

**4** Que se passerait-il, d'après toi, s'il n'y avait plus aucun animal carnivore dans la forêt ?

**5** D'après la figure 2, explique ce qu'il se produirait s'il n'y avait plus de coccinelles ?

## J'ai découvert

Une forêt, un jardin, une mare... constituent des *milieux de vie*. Dans tous les cas, les animaux *dépendent* des plantes pour se nourrir. De plus, la présence d'animaux carnivores est indispensable à *l'équilibre* du milieu.

## Mots importants

milieu de vie, dépendance, équilibre.

# Le chêne est leur village

## Renseigne-toi

🐞 Sur les arbres et arbustes de la cour de l'école, récolte des feuilles partiellement mangées par des insectes, des fruits entamés...

🐞 Repère aussi de petits animaux (fourmis, pucerons...) qui vivent sur certains arbres.

**1**

a

b

c

d

e

**2**

**a** • Le **pic** creuse son nid dans le tronc, à grands coups de bec. Il se sert aussi de son bec pour agrandir les crevasses de l'écorce et y récolter les insectes dont il se nourrit.

**b** • Sur les chênes, on a dénombré 77 sortes de **galles** différentes. Celle-ci est la plus fréquente. Elle sert de nid à la larve d'une sorte de petite guêpe qui sortira à l'automne par un petit trou, et s'envolera pondre ses œufs dans les bourgeons de l'arbre.

**c** • Sur le tronc du chêne, poussent des **mousses**, des **lichens**. Ces végétaux chlorophylliens ne prélèvent aucun aliment sur l'arbre ; celui-ci sert seulement de support.

**d** • Les feuilles mortes, les branches tombées servent de nourriture à des **champignons**, à des **bactéries**, à tout un peuple d'**animaux microscopiques** qui en provoquent la décomposition.

**e** • Le **geai** aime les glands. En enterrant ses provisions pour l'hiver, il sème ainsi des chênes sans le savoir.

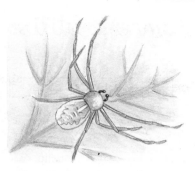

• **L'araignée-crabe** ne tisse pas de toile. Posée sur une feuille, elle guette, à l'affût, les insectes qui se jettent imprudemment dans ses pattes.

• Les **chenilles de la tordeuse verte**, qui se nourrissent de feuilles, sont parfois si nombreuses qu'elles provoquent d'importants ravages.

• Les taches brunes ou noires qu'on voit parfois sur les feuilles indiquent la présence de **champignons parasites**.

• Pendant 3 ans, la **larve de lucane** dévore du bois pourri avant de devenir un lucane adulte ou cerf-volant.

• Pour alimenter sa douzaine d'oisillons affamés, et aussi pour se nourrir elle-même, la **mésange bleue** fouille sans relâche les feuillages à la recherche de chenilles, ses proies favorites.

---

## Activités

**1** Dessine la silhouette du chêne. Sur ton dessin, indique où vivent les différents habitants de l'arbre en mettant leur nom à l'endroit qui convient. Pour cela utilise les informations données dans les textes.

**2** Certains habitants rendent service au chêne. Donne des exemples et explique ta réponse.

**3** Parmi les habitants de l'arbre, fais la liste de ceux qui prélèvent leur nourriture sur l'arbre sans provoquer de dégâts, de ceux qui prélèvent leur nourriture en provoquant des dégâts (ce sont des parasites).

## J'ai découvert

Un arbre héberge de nombreux êtres vivants. Certains de ces habitants prélèvent leur nourriture sans provoquer de préjudice à l'arbre, d'autres sont *parasites*. Chacun d'eux ne s'installe pas n'importe où ; il choisit l'endroit qui répond le mieux à ses besoins.

### Mots importants

habitat, parasite.

**1**

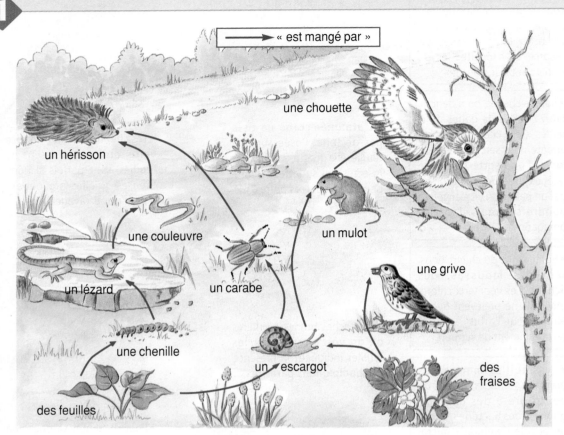

« est mangé par »

un hérisson
une couleuvre
un lézard
une chenille
des feuilles
un carabe
un escargot
une chouette
un mulot
une grive
des fraises

**1.** Ecris trois chaînes alimentaires représentées sur ce dessin.

**2.** Quel est le premier maillon de chacune des chaînes que tu as écrites ?

**3.** La chouette est un animal carnivore. Peut-elle se trouver au deuxième maillon d'une chaîne alimentaire ?

**4.** Les animaux carnivores pourraient-ils se nourrir s'il n'y avait plus de plantes ?

**2**

Cherche l'intrus. Ils sont tous végétariens sauf un.

une chenille
un escargot
un chat sauvage
un lapin
une tourterelle

**❸**

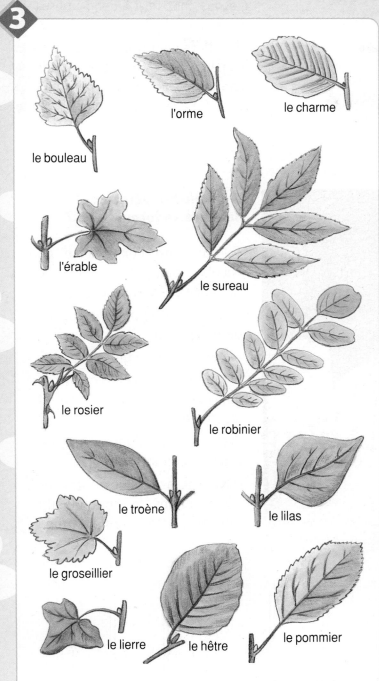

le bouleau

l'orme

le charme

l'érable

le sureau

le rosier

le robinier

le troène

le lilas

le groseillier

le lierre     le hêtre     le pommier

**1.** Fais deux listes, celle des arbres ou arbustes qui ont des feuilles simples et celle de ceux qui ont des feuilles composées.

**2.** A quoi reconnais-tu ces deux types de feuilles ?

**3.** Présente tes résultats sous forme d'un tableau.

**❹**

**1.** Décalque les deux dessins et colorie en vert les aliments d'origine végétale et en rouge les aliments d'origine animale.

**2.** Quelles remarques peux-tu faire en regardant tes dessins ?

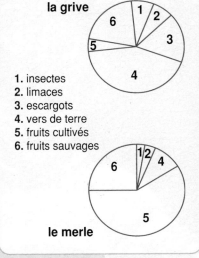

la grive

le merle

1. insectes
2. limaces
3. escargots
4. vers de terre
5. fruits cultivés
6. fruits sauvages

## Repère tes compétences

- Je mobilise mes connaissances dans une situation nouvelle : ❶ ❷ ❸
- Je comprends le codage d'un dessin : ❶
- Je tire des informations d'un dessin : ❶ ❸
- Je sais faire un tableau à double entrée : ❸
- Je comprends une représentation graphique et j'en tire des informations : ❹

# Observe de l'eau qui gèle

## Renseigne-toi

🌐 Comment fabrique-t-on des glaçons chez toi ? Quand utilise-t-on ces glaçons ?

🌐 La température est-elle la même en divers endroits d'un réfrigérateur ? Que peux-tu faire pour répondre à cette question ?

**1**

### A quelle température la glace se forme-t-elle ?

● Pour faire l'expérience de Nicolas, prépare un mélange de glace pilée et de gros sel :

— mets dans le pot une couche de glace pilée ;

— saupoudre de gros sel ;

— mets une nouvelle couche de glace pilée puis de gros sel et recommence.

Place ensuite, dans le pot, un tube contenant de l'eau.

● Nicolas a dessiné toutes les 30 secondes le contenu du tube et a noté la température.

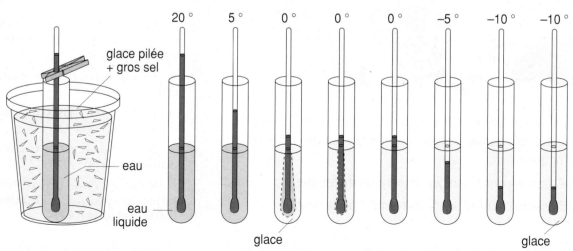

glace pilée + gros sel

eau

eau liquide

20°  5°  0°  0°  0°  −5°  −10°  −10°

glace

glace

## 2

### A quelle température la glace fond-elle ?

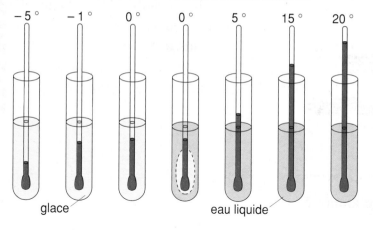

-5° | -1° | 0° | 0° | 5° | 15° | 20°

glace | eau liquide

| Temps (en minutes) | 0 | 5 | 10 | 15 | 20 | 25 | 30 | 35 | 40 | 45 | 50 | 55 |
|---|---|---|---|---|---|---|---|---|---|---|---|---|
| Températures (en degrés) | -4 | -1 | 0 | 0 | 0 | 0 | 0 | 5 | 10 | 15 | 20 | 20 |
| Dans le tube | glace | | glace et eau liquide | | | | | eau liquide | | | | |

### Activités

**1** Fais l'expérience de Nicolas (fig. 1). Note tes résultats. Compare-les à ceux de Nicolas.

**2** A quelle température la glace se forme-t-elle ? Quelle est la température la plus basse de l'eau liquide ?

**3** Quelle est la température la plus basse de la glace fabriquée par Nicolas ? Quelle est, d'après toi, la température de son mélange glace pilée-sel ?

**4** A quelle température la glace fond-elle ?

**5** Mets un glaçon dans un verre d'eau. Quelle est la partie la plus importante : celle qui est hors de l'eau ou celle qui est dans l'eau ? Dessine le glaçon sur l'eau et compare avec l'iceberg (fig. 3).

## 3

### Dans le froid polaire.

La calotte de glace de l'Antarctique couvre une surface qui est plus de 20 fois celle de la France. On y mesure des épaisseurs de glace de plus de 4 000 mètres. Il s'en détache des icebergs grands comme la Corse. Seule une petite partie de l'iceberg est visible au-dessus de l'eau.

### J'ai découvert

Pour transformer de l'eau en *glace*, il faut la refroidir. La glace est de l'*eau solide* et la *solidification* de l'eau se fait à zéro degré (0°).

Pour transformer de la glace en eau, il faut la chauffer. La *fusion* de la glace se fait à 0°.

Ainsi, l'eau se solidifie et la glace fond à la même température (0°) ; un mélange d'eau liquide et de glace est toujours à 0°.

Un glaçon flotte sur l'eau et seule une petite partie se trouve au-dessus de l'eau.

### Mots importants

eau solide, solidification, fusion.

# Pourquoi la bouteille a-t-elle éclaté ?

## Renseigne-toi

🐾 Pourquoi, en hiver, vidange-t-on les canalisations d'eau de chauffage central dans les maisons inhabitées ?

🐾 Cherche dans le dictionnaire les mots : neige, flocon.

**1**

**Que montrent les expériences d'Élodie ?**

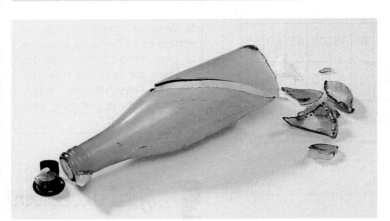

Élodie a mis une bouteille remplie d'eau dans le congélateur et l'a sortie quelques heures plus tard. La bouteille est cassée. Sais-tu pourquoi ?

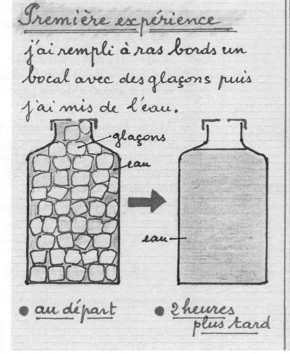

Première expérience

j'ai rempli à ras bords un bocal avec des glaçons puis j'ai mis de l'eau.

glaçons

eau

eau

● au départ   ● 2 heures plus tard

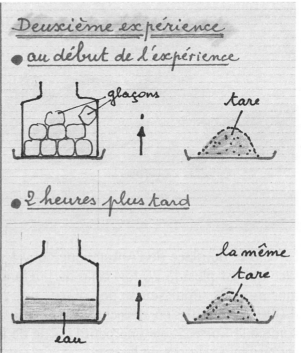

Deuxième expérience

● au début de l'expérience

glaçons

tare

● 2 heures plus tard

la même tare

eau

## Quand la neige fond, on obtient très peu d'eau. Pourquoi ?

La neige tombe en flocons très légers. Chaque flocon est formé de nombreuses « étoiles » de glace (photographie ci-dessus) appelées cristaux de neige.

- **Première expérience**

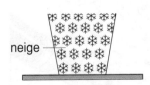

- **Deuxième expérience**

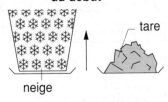

- **Troisième expérience**

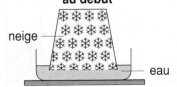

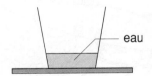

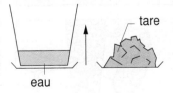

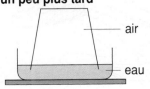

### Activités

**1** Mets une bouteille en plastique remplie d'eau dans le congélateur ou dans le bac à glace d'un réfrigérateur. Quelques heures plus tard, compare ta bouteille à celle d'Élodie.

**2** Quelles hypothèses peux-tu faire pour expliquer la déformation ou l'éclatement de la bouteille ?

**3** Quelle conclusion Élodie peut-elle formuler en regardant les résultats de ses expériences ?

**4** Observe des flocons de neige, à l'extérieur, avec une loupe.

**5** Fais les expériences de la figure 2. Que peux-tu conclure ? Pourquoi la neige, en fondant, donne-t-elle si peu d'eau ?

## J'ai découvert

Au cours de la fusion de la glace ou de la solidification de l'eau, la *masse* de l'eau ne change pas. En revanche, le *volume* varie : en se solidifiant, l'eau augmente de volume.

La neige est formée de fines aiguilles de glace assemblées en étoiles ramifiées. La neige contient beaucoup d'air. Ceci explique qu'elle soit si légère et qu'elle donne si peu d'eau en fondant.

### Mots importants

fusion, solidification, masse, volume.

# Quand l'eau devient invisible

## Renseigne-toi

🌍 Comment fais-tu, chez toi, pour faire sécher le linge rapidement ?

🌍 Comment les cultivateurs font-ils sécher le foin ? le maïs ?

🌍 Cherche dans le dictionnaire le sens du mot : évaporation.

**1**

**Qu'est-ce qui, dans chacun des cas, rend l'évaporation plus rapide ?**

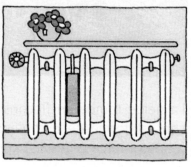

## Des expériences pour vérifier tes hypothèses.

**le lundi**

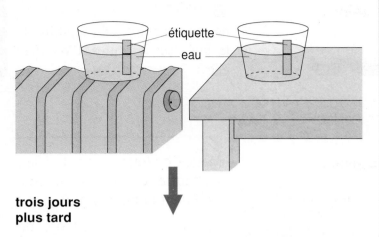

**trois jours
plus tard**

### Activités

**1** Explique, dans les situations présentées sur la figure 1, ce que devient l'eau liquide.

**2** Qu'est-ce qui, dans chacun des cas, rend l'évaporation plus rapide :
– l'air est chaud ;
– l'air se déplace (courant d'air) ;
– la surface de contact avec l'air est grande ;
– l'eau est chauffée ?

**3** Que pourrait-on faire, dans chacun des cas, pour ralentir l'évaporation ?

**4** Quelles hypothèses chacune des expériences présentées sur la figure 2 vérifie-t-elle ?

**5** Quelles conclusions peux-tu formuler ?

**le lundi**                    **quelques jours plus tard**

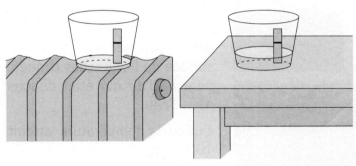

**le lundi**                    **quelques jours plus tard**

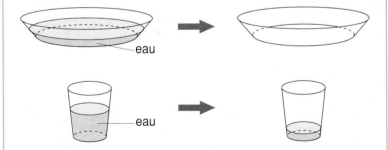

### J'ai découvert

L'eau liquide peut se transformer en vapeur d'eau par *évaporation*. La *vapeur d'eau* est un *gaz* invisible.

L'évaporation est plus rapide si la température est plus élevée, si on renouvelle l'air au-dessus de l'eau, si la surface de contact entre l'eau et l'air est plus grande.

### Mots importants

évaporation, vapeur d'eau, gaz.

# Fais bouillir de l'eau

## Renseigne-toi

🌐 Quand on fait de la cuisine, on fait souvent bouillir de l'eau. Cite des exemples.

🌐 Dans la salle de bains, la cuisine, les chambres,... il y a parfois de la buée sur les vitres. D'où vient-elle ?

**1**

### A quelle température l'eau bout-elle ?

Marie-Charlotte a mis de l'eau à chauffer et en a relevé régulièrement la température.

Au début du chauffage, de petites bulles apparaissent sur le fond et les parois de la casserole, puis viennent crever à la surface de l'eau. Elles contiennent de l'air qui était dissous dans l'eau.

Quand la température atteint 100°, de grosses bulles de vapeur d'eau se forment à l'intérieur du liquide et viennent crever à la surface de manière tumultueuse. C'est l'ébullition.

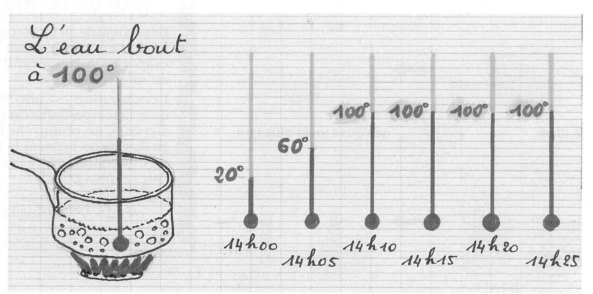

L'eau bout à 100°

20° — 14h00
60° — 14h05
100° — 14h10
100° — 14h15
100° — 14h20
100° — 14h25

**2**

## Après un quart d'heure d'ébullition...

## Activités

**1** A quelle température l'eau bout-elle ? Que se passe-t-il au cours de l'ébullition ?

**2** La température de l'eau augmente-t-elle quand on continue à chauffer ?

**3** Pourquoi la quantité d'eau diminue-t-elle quand l'ébullition se prolonge (fig. 2) ? Que devient cette eau ?

**4** Pose du papier calque sur la photographie de la figure 3 et reporte la légende du dessin.

**5** Pourquoi du brouillard se forme-t-il à la sortie du bec de la bouilloire ?

**6** Pourquoi de la buée apparaît-elle sur le verre froid ?

**3**

## Buée, brouillard et vapeur d'eau.

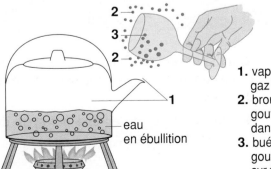

eau
en ébullition

1. vapeur d'eau :
   gaz invisible
2. brouillard :
   gouttelettes d'eau
   dans l'air
3. buée :
   gouttelettes d'eau
   sur un support froid

## J'ai découvert

Dans les conditions ordinaires, l'eau bout à 100°. A *l'ébullition*, l'eau se transforme en vapeur d'eau qui apparaît sous forme de bulles à l'intérieur du liquide. La température reste constante aussi longtemps que l'eau continue à bouillir.

La vapeur d'eau (gaz invisible) reprend l'état liquide, sous forme de fines gouttelettes d'eau en suspension dans l'air plus froid (le brouillard), ou de buée qui se dépose sur une paroi froide (vitre par exemple).

La transformation de la vapeur d'eau en eau liquide est une *condensation*.

## Mots importants

ébullition, vapeur d'eau, condensation.

**1**

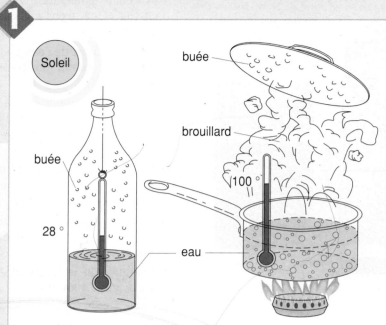

**1.** Pourquoi la quantité d'eau diminue-t-elle plus vite dans la casserole que dans la bouteille ?

**2.** Des gouttes d'eau (buée) se forment sur le couvercle de la casserole et sur les parois intérieures de la bouteille. D'où viennent-elles ?

**3.** Pourquoi du brouillard se forme-t-il au-dessus de la casserole ?

**4.** Où se forme la vapeur d'eau dans la casserole ? et dans la bouteille ?

**2**

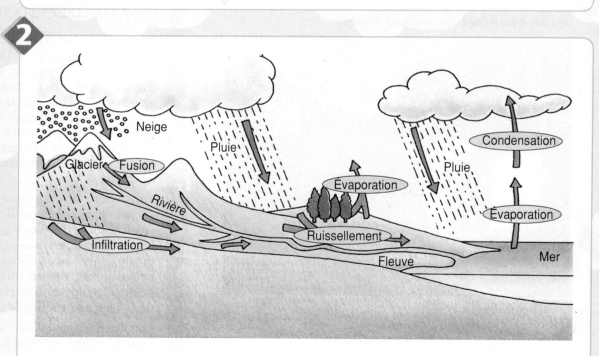

**1.** Pose une feuille de papier calque sur ce dessin et indique, en utilisant des couleurs différentes, les endroits où il y a de l'eau solide, de l'eau liquide, de l'eau sous forme de vapeur.

**2.** Indique quelles « bulles » de la légende correspondent à un changement de l'état de l'eau.

**3.** Explique ce qu'on entend par cycle de l'eau dans la nature.

## 3

**1.** Dans quel état se trouve le fer présenté sur la photographie ? Pourquoi ?

**2.** Précise le sens des mots : fusion, solidification.

## 4

| Température de fusion de quelques substances | |
| --- | --- |
| eau | 0° |
| bougie | 60°* |
| beurre | 28°* |
| soudure | 180°* |
| plomb | 327° |
| fer | 1535° |
| *aux environs de... | |

**1.** Dans quel état se trouve chacune des substances du tableau, à 50° ?

**2.** Parmi ces substances, lesquelles peuvent fondre dans la classe ? dans ta main ? sur un radiateur ? sur une plaque chauffante ?

**3.** Comment fait-on une soudure ?

## 5

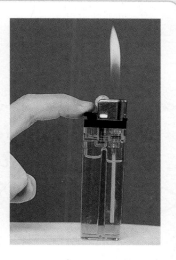

**1.** Céline a mis un briquet à gaz dans une cuvette pleine d'eau. Comment voit-elle que le briquet contient encore du gaz ? Ce gaz est combustible. Sur quelle photographie le vois-tu ?

**2.** Un briquet à gaz contient du butane liquide et du gaz butane. Après une longue utilisation, la quantité du liquide diminue, mais il y a toujours du gaz. Comment l'expliques-tu ? Fais un schéma.

## Repère tes compétences

- Je mobilise mes connaissances dans une situation nouvelle : ❶ ❷ ❸ ❺

- J'observe et je tire des informations d'un dessin : ❷

- Je tire des informations en observant une photographie : ❸ ❺

- Je retrouve la chronologie d'un événement : ❶ ❷

- Je sais lire un tableau pour répondre à une question : ❹

- Je sais réaliser des schémas : ❺

# Soluble ou non soluble ?

## Renseigne-toi

🌀 Dans quels aliments mets-tu du sucre en morceaux ? du sucre en poudre ?

🌀 Regarde l'étiquette d'une bouteille d'eau minérale. Que trouve-t-on dans l'eau que contient la bouteille ?

**1**

### Comment savoir qu'une substance est soluble ?

Romain met de l'eau dans deux verres. Il ajoute dans l'un du sable et dans l'autre du sel, puis il remue avec une cuillère.

Les deux verres sont photographiés 5 minutes plus tard.

Romain cherche ensuite à récupérer le sable puis le sel. Il dessine l'un de ses essais.

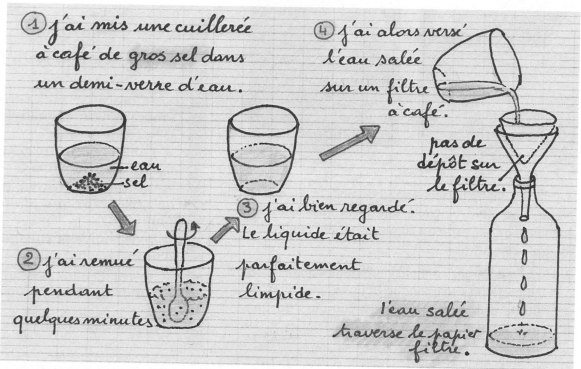

① J'ai mis une cuillerée à café de gros sel dans un demi-verre d'eau.

eau
sel

② J'ai remué pendant quelques minutes

③ J'ai bien regardé. Le liquide était parfaitement limpide.

④ J'ai alors versé l'eau salée sur un filtre à café.

pas de dépôt sur le filtre.

l'eau salée traverse le papier filtre.

**2**

### On peut récupérer le sel.

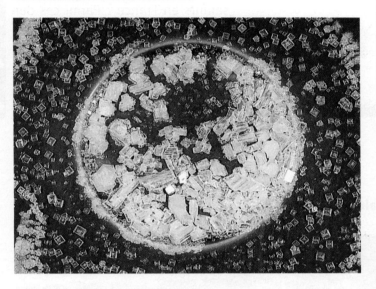

Pour récupérer du sel, Mathilde laisse à l'air libre une soucoupe d'eau salée.

### Activités

**1** Fais les expériences de Romain (fig.1) et compare tes résultats aux siens. Fais une série de dessins pour montrer ce que tu obtiens avec du sable.

**2** Fais d'autres essais en ajoutant, dans un demi-verre d'eau, différentes substances tels que du sucre, de la farine, du talc, de la craie, du riz...

**3** Récupère le sel de l'eau salée en procédant comme Mathilde (fig. 2).

**4** Que voulait vérifier Elsa (fig. 3) ? Fais l'expérience et compare tes résultats aux siens. Que peux-tu conclure ?

---

**3**

### L'expérience d'Elsa.

● **Première pesée**

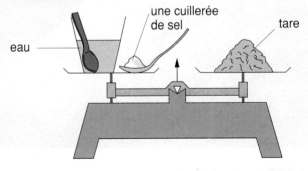

une cuillerée de sel

tare

eau

● **Deuxième pesée**

le sel est maintenant dissous dans l'eau

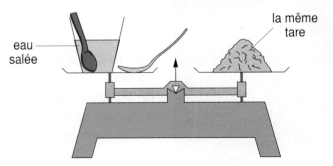

la même tare

eau salée

### J'ai découvert

Certains solides (comme le sel, le sucre...) sont *solubles* dans l'eau. Le mélange liquide obtenu est une *solution.* On reconnaît une solution à sa limpidité. Dans une solution, la substance dissoute se répand dans l'ensemble du liquide. On peut récupérer le solide, dissous dans l'eau, par évaporation de l'eau.

D'autres solides sont *insolubles* dans l'eau. Le solide reste alors visible : les parcelles en *suspension* provoquent un trouble.

### Mots importants

soluble, insoluble, solution, suspension.

# L'eau de mer est salée

**La récolte du sel dans un marais salant.**

Un litre d'eau de mer contient 30 à 35 grammes de sel. Dans les bassins de récolte des marais salants, il en contient 350 grammes et le sel se dépose.

## 2

### Je voudrais de l'eau douce.

● L'installation industrielle la plus ancienne et la plus simple pour dessaler l'eau de mer.

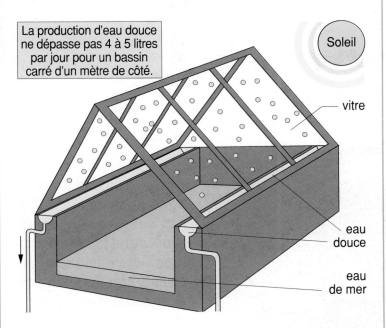

La production d'eau douce ne dépasse pas 4 à 5 litres par jour pour un bassin carré d'un mètre de côté.

Soleil

vitre

eau douce

eau de mer

● Pour comprendre comment on obtient de l'eau douce avec de l'eau salée, Marie-Charlotte a fait cette expérience.

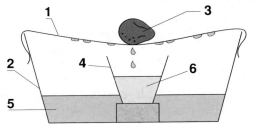

1. feuille plastique transparente
2. saladier
3. caillou
4. verre
5. eau salée
6. eau douce

### Activités

**1** Dissous du sel dans de l'eau. Que se passe-t-il si tu en mets une très grande quantité ?

**2** Les bassins des marais salants sont peu profonds. Explique pourquoi le sel s'y dépose alors qu'il ne le fait pas dans la mer.

**3** Quelle est l'importance des facteurs climatiques (soleil, vent, pluie...) dans la récolte du sel ?

**4** Réalise le dispositif mis en place par Marie-Charlotte pour récupérer de l'eau douce.

**5** Dans les dispositifs présentés sur la figure 2, quelles sont les différentes transformations qui permettent la récupération d'eau douce à partir d'eau salée ?

**6** Pose du papier calque sur le dessin en haut de la figure 2 et reporte les numéros des éléments du dispositif de Marie-Charlotte.

### J'ai découvert

**L'eau de mer est salée. Dans les marais salants, le sel de cuisine est récolté par *évaporation* de l'eau.**

**On peut récupérer de l'eau douce à partir de l'eau de mer par *évaporation*, puis *condensation* de l'eau.**

### Mots importants

évaporation, condensation.

# Découvertes avec des liquides

## Renseigne-toi

🌏 A la maison, quand et pourquoi fait-on des mélanges de liquides ?

🌏 Qu'est-ce qu'une « marée noire » ? Quelle expérience simple proposes-tu pour expliquer ce que l'on observe ?

## 1

**Mélange des liquides deux à deux.**

1        2        3        4

**a**

Nicolas a vigoureusement agité le contenu de chacun de ces quatre verres. Leur contenu a été photographié quelques secondes après **a** ; puis une demi-heure plus tard **b**.

**b**

1. huile et eau
2. sirop de grenadine et eau
3. sirop de grenadine et pétrole
4. huile et pétrole

**Veux-tu parler comme les scientifiques ?**

Si tu mélanges deux liquides tels que l'eau et le sirop de grenadine, tu obtiens un seul liquide : l'eau et le sirop de grenadine sont **miscibles**.

En revanche, des liquides tels que l'eau et l'huile se séparent rapidement, après agitation, en deux liquides distincts : l'eau et l'huile ne sont pas miscibles.

**2**

### Quel renseignement donne cette expérience de Clémence ?

• *Problème posé : pourquoi l'huile est-elle au-dessus du vinaigre ?*

• *Notre expérience*
*on a mis exactement le même volume de liquide dans 2 verres identiques et on les a pesés.*

*huile* ; *vinaigre*

### Activités

**1** A quoi reconnais-tu que deux liquides sont miscibles ? que deux liquides ne sont pas miscibles ?

**2** Que se passe-t-il si tu changes l'ordre dans lequel tu verses les liquides ? si tu changes leurs quantités ?

**3** Quelle était l'hypothèse de Clémence (fig. 2) ? Fais son expérience et compare tes résultats aux siens. Son hypothèse est-elle vérifiée ? Vérifie cette hypothèse avec d'autres liquides.

**4** Dans l'exemple de la figure 3, écris le nom des liquides du plus lourd au plus léger.

**3**

### Des liquides à tous les étages.

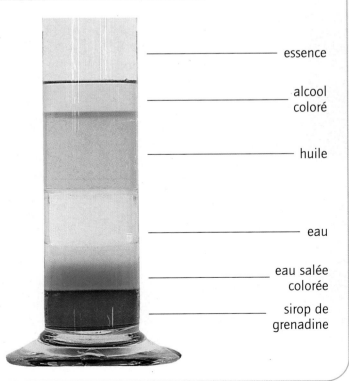

— essence

— alcool coloré

— huile

— eau

— eau salée colorée

— sirop de grenadine

## J'ai découvert

Certains liquides sont solubles l'un dans l'autre. On dit qu'ils sont *miscibles* entre eux. Ils forment, après agitation, un mélange limpide.

D'autres liquides ne sont pas miscibles et donnent un mélange trouble appelé *émulsion*. Si on laisse reposer le mélange, les deux liquides se séparent.

Quand des liquides se superposent, le plus léger (à volume égal) se trouve au-dessus.

### Mots importants

miscibles, émulsion.

# Deux outils utilisés par les maçons

## Renseigne-toi

❀ Si tu en trouves chez toi, apporte en classe un niveau à bulle, un fil à plomb.

❀ Qui les utilise et pour quoi faire?

## Le fil à plomb sert à repérer la verticale.

● Lequel de ces trois murs est vertical ?

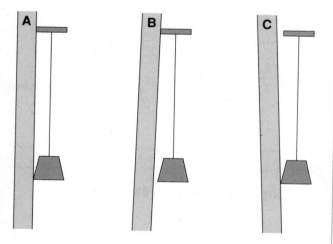

A    B    C

● Construis un fil à plomb.

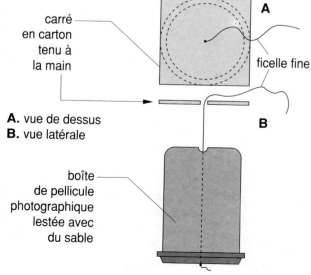

carré en carton tenu à la main

ficelle fine

A

B

**A.** vue de dessus
**B.** vue latérale

boîte de pellicule photographique lestée avec du sable

**Construis un niveau à bulle et utilise-le.**

Le niveau à bulle sert à vérifier l'horizontalité d'une surface plane.

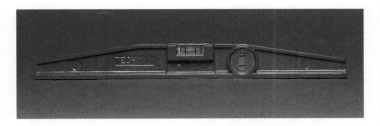

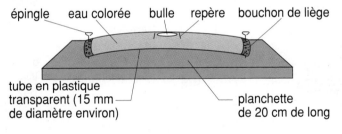

épingle  eau colorée  bulle  repère  bouchon de liège

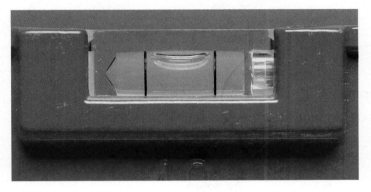

tube en plastique transparent (15 mm de diamètre environ)

planchette de 20 cm de long

## 3 La surface de l'eau est-elle toujours horizontale ?

fil à plomb

équerre

eau

Une équerre, un fil à plomb et une bassine d'eau.

---

## Activités

**1** Fabrique un fil à plomb. Compare-le à celui d'un professionnel.

**2** Compare la direction donnée par ton fil à plomb à celle des fils à plomb de tes camarades.

**3** Avec ton fil à plomb, vérifie la verticalité d'un mur.

**4** En utilisant les informations fournies sur le dessin de la figure 2, fabrique un niveau à bulle. Utilise un niveau à bulle de professionnel pour placer correctement les repères de la bulle sur ton niveau.

**5** Utilise ton niveau à bulle pour vérifier que ta table est horizontale.

**6** L'expérience de la figure 3 suffit-elle pour montrer que la surface de l'eau est horizontale ?

---

## J'ai découvert

Le fil à plomb indique la direction *verticale*. Dans la classe, toutes les droites verticales sont *parallèles*.

Le niveau à bulle donne la direction d'une droite *horizontale*. Pour vérifier l'horizontalité d'un plan, il faut placer le niveau à bulle dans deux positions différentes non parallèles. Un plan horizontal est perpendiculaire à la verticale.

### Mots importants

horizontal, vertical, parallèle.

### 1

**Le biberon de bébé**

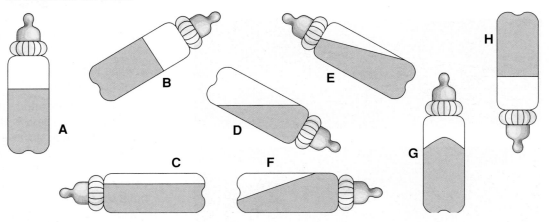

**1.** Fais la liste des dessins corrects.

**2.** Redessine correctement les dessins que tu as trouvés « faux ».

### 2

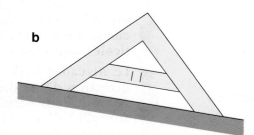

**1.** A quoi voit-on que le mur dessiné en **a** est horizontal ?

**2.** Sur le dessin **b**, le fil à plomb n'a pas été représenté. Décalque ce dessin et trace correctement le fil à plomb.

### 3

• **Au début**

les deux bocaux sont placés sur un radiateur

• **Quelques jours plus tard**

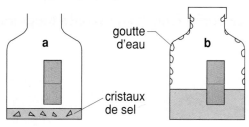

Explique ce qui s'est passé dans le bocal « **a** », et dans le bocal « **b** ».

**4**

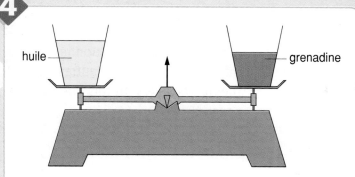

huile — grenadine

L'huile et la grenadine ne se mélangent pas. Dans trois récipients identiques, on verse :

— dans le premier, 5 cuillerées de grenadine, puis 5 cuillerées d'huile,

— dans le deuxième, 5 cuillerées d'huile, puis 5 cuillerées de grenadine,

— dans le troisième, 1 cuillerée de grenadine, puis 5 cuillerées d'huile.

**1.** Quel renseignement te donne la balance ci-dessus ?

**2.** Dessine le contenu des trois récipients.

**5**

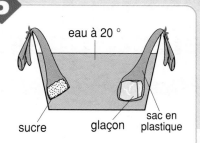

eau à 20 °

sucre     glaçon     sac en plastique

Le morceau de sucre et le glaçon sont enfermés dans un sac en plastique. Que va-t-il se passer ?

**Vrai ou faux ?**

— le sucre fond dans l'eau ;

— le sucre se dissout dans l'eau ;

— le glaçon fond dans l'eau ;

— le glaçon se dissout dans l'eau.

**6**

Avec ce dispositif, tu pourrais « fabriquer » de l'eau douce à partir de l'eau de mer. Explique comment.

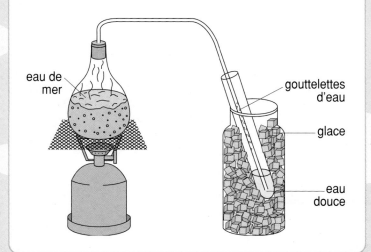

eau de mer

gouttelettes d'eau

glace

eau douce

## Repère tes compétences

- **Je mobilise mes connaissances dans une situation nouvelle :** ❶ ❷ ❸ ❺

- **Je comprends des schémas :** ❶ ❷ ❸ ❹ ❺

- **Je tire des informations d'un dessin ou d'un schéma :** ❷ ❺ ❻

- **Je comprends et j'interprète une expérience :** ❸ ❻

- **Je trouve la réponse par un raisonnement logique :** ❹ ❻

- **Je corrige ou complète un dessin :** ❶ ❷

# Construis des jeux électriques

## 1

**Fabrique ce jeu d'adresse.**

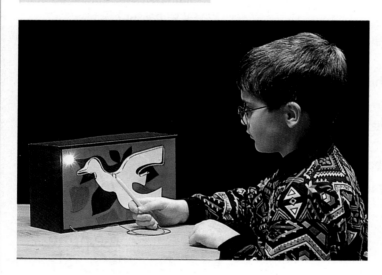

La règle du jeu est simple : avec un anneau métallique, il faut suivre le contour de l'oiseau sans le toucher.

Dès que tu touches le fil de fer, l'ampoule s'allume.

Joue avec tes camarades et évite les contacts.

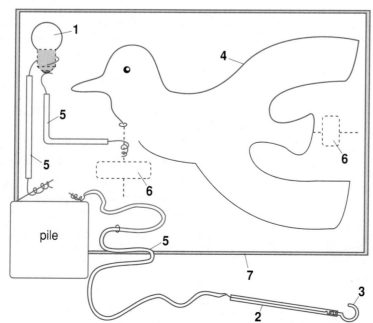

**1.** ampoule et son support
**2.** « corps » de stylo à bille
**3.** piton ouvert
**4.** fil de fer
**5.** fil électrique
**6.** ruban adhésif
**7.** boîte à chaussures

• En **bleu** : visible à l'extérieur de la boîte.
• En **rouge** ou en pointillés : parties cachées dans la boîte.

## Es-tu bon géographe ? Si ta réponse est juste l'ampoule s'éclaire.

**Matériel**

- une pile
- une ampoule et son support
- une boîte à chaussures
- deux manches de stylo à bille
- du fil électrique
- des attaches parisiennes

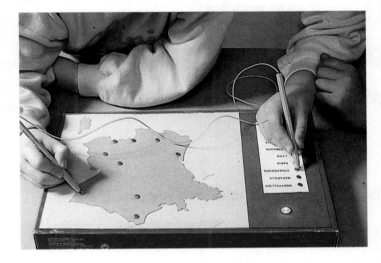

Le jeu fabriqué par Géraldine et Sébastien.

▼

**schéma de montage**

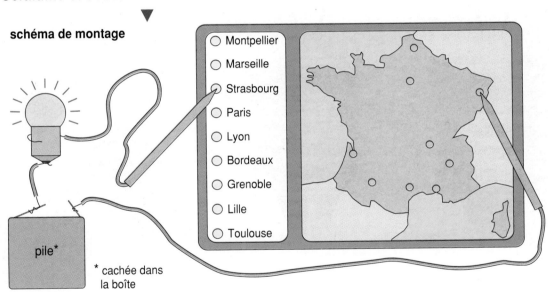

pile*

* cachée dans la boîte

○ Montpellier
○ Marseille
○ Strasbourg
○ Paris
○ Lyon
○ Bordeaux
○ Grenoble
○ Lille
○ Toulouse

### Activités

**1** Rassemble le matériel et fabrique l'un de ces deux jeux électriques.

**2** Pourrais-tu faire le jeu d'adresse (fig. 1) en remplaçant le fil de fer par du fil électrique gainé ? Justifie ta réponse. Et pour le deuxième jeu, quels types de fils dois-tu prendre ?

**3** Peux-tu définir les mots : conducteur, isolant. Donne des exemples de conducteurs et d'isolants.

**4** Indique, pour chaque jeu, ce qui sert d'interrupteur.

**5** Pose du papier calque sur le dessin de la figure 2 et trace sommairement le contour de la France. Indique par un point la ville où tu habites et ajoute le nom de celle-ci dans la liste. Quel fil électrique dois-tu ajouter pour que l'ampoule s'allume, selon la règle du jeu ?

### J'ai découvert

**Pour que l'ampoule s'allume, il faut relier les deux pôles de la pile aux deux bornes de l'ampoule par une chaîne continue de *conducteurs*. On dit alors que le circuit électrique est fermé.**

### Mots importants

conducteur, circuit électrique, interrupteur.

# Découvre les secrets d'une ampoule

## Renseigne-toi

❀ Quand dit-on qu'une ampoule est « grillée » ?

❀ Approche ta main d'une ampoule électrique allumée, sans la toucher. Est-elle chaude ou froide ?

❀ Cherche dans ton dictionnaire le sens du mot : incandescence.

## 1

### Où passe le courant dans une ampoule ?

a

b

c

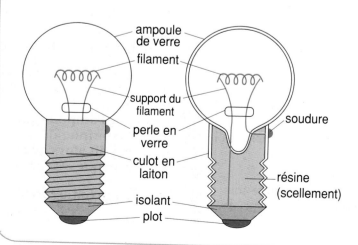

- ampoule de verre
- filament
- support du filament
- perle en verre
- culot en laiton
- isolant
- plot
- soudure
- résine (scellement)

Quand le circuit électrique est fermé, le filament métallique de l'ampoule s'échauffe et atteint une température de 2 500°. Il est alors à incandescence et produit de la lumière.

Si la température du filament atteint 3 400°, le métal fond et le filament est coupé. On dit que l'ampoule est « grillée ».

Le très fin filament d'une ampoule est fait de tungstène, métal dont la température de fusion est très élevée (aux environs de 3 400°).

## ❷ Fabrique cette maquette d'ampoule.

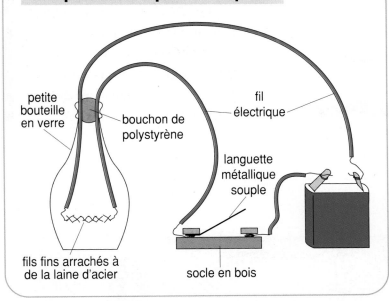

petite
bouteille
en verre

bouchon de
polystyrène

fil
électrique

languette
métallique
souple

fils fins arrachés à
de la laine d'acier

socle en bois

### Activités

**1** En t'aidant de la figure 1, réalise un schéma d'ampoule. Sur ton dessin, trace en rouge le circuit électrique.

**2** Repère sur la photographie 1❸ une rupture anormale du circuit électrique.

**3** Fais la liste des parties isolantes et des parties conductrices de l'ampoule.

**4** Fabrique la maquette de la figure 2 et branche-la sur une pile. Quand le courant passe, les fils fins brûlent en faisant des étincelles. Peux-tu expliquer alors pourquoi Edison a retiré l'air de son ampoule (fig. 3) ?

**5** A ton avis, y a-t-il de l'air dans une ampoule ?

## ❸ L'ampoule d'Edison.

L'ampoule électrique a été inventée, il y a un peu plus de 100 ans, par un savant américain, Edison.

Edison utilise comme filament un fil de coton carbonisé qu'il place à l'intérieur d'une ampoule vidée de l'air qu'elle contient. Edison écrit :

*« C'était le 2 octobre 1879. Nous nous assîmes pour la regarder, et la lampe brillait toujours... elle dura environ 45 heures. »*

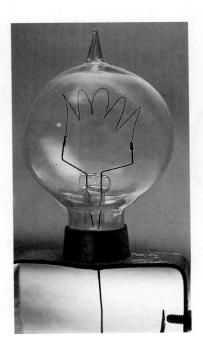

Aujourd'hui, les lampes à incandescence à filament de tungstène durent environ 1000 heures. Elles contiennent un gaz qui, à la différence de l'oxygène de l'air, ne provoque pas la combustion du filament.

### J'ai découvert

**Le filament d'une ampoule est un fil métallique (donc *conducteur*) très fin.**

**Il s'échauffe et devient lumineux lorsque l'ampoule est branchée.**

**Dans un circuit électrique comprenant une ampoule, les deux pôles de la pile sont reliés par une *chaîne continue* de conducteurs. Lorsque l'ampoule est « grillée », le filament est cassé et le circuit électrique est ouvert.**

### Mots importants

ampoule, filament, circuit électrique.

# La chasse aux leviers

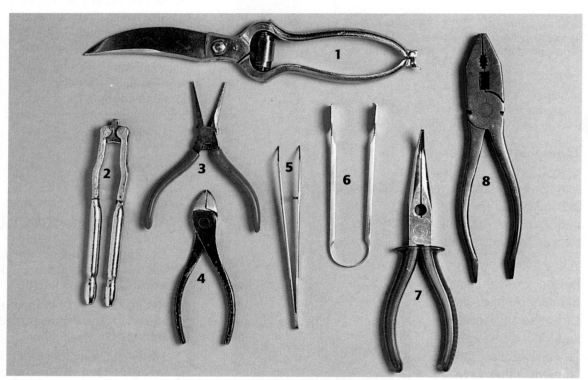

**Renseigne-toi**

🌸 Coupe une allumette avec des ciseaux. Où dois-tu placer l'allumette pour que ce soit plus facile, près de l'axe des ciseaux ou à la pointe ?

🌸 Peux-tu casser une noix seulement avec tes mains ? et avec un casse-noix ?

**1**

**Ne te trompe pas d'outil.**

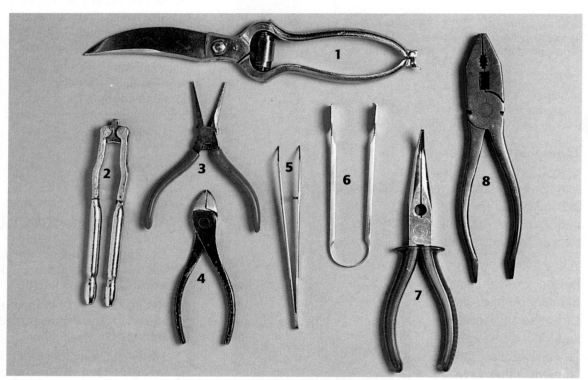

1. **les maquettes**

Ⓐ

R

Ⓑ

R

bande de carton

2. **le principe des leviers**

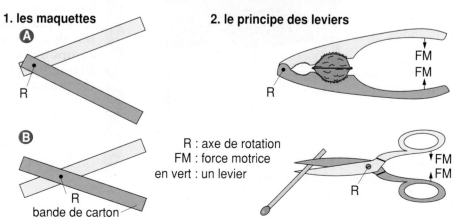

FM
FM

R

R : axe de rotation
FM : force motrice
en vert : un levier

FM
FM

R

## Le pantin fait le grand écart.

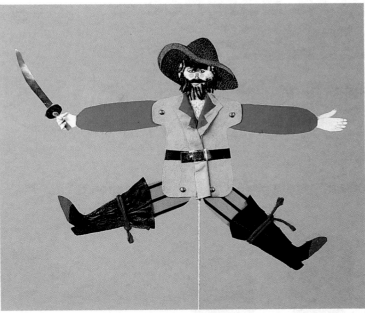

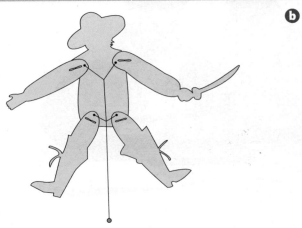

**b**

**a**

---

### Activités

**1** A quoi servent les outils présentés sur la photographie de la figure 1 ? Pose du papier calque sur cette photographie et, pour chaque outil, indique :

— par une flèche les forces que tu exerces,

— par une croix les endroits où l'outil agit sur l'objet,

— par un point rouge l'axe de rotation.

**2** Quelles différences et quelles ressemblances y a-t-il entre le casse-noix et la paire de ciseaux ?

**3** Fabrique le pantin de la figure 2.

---

## J'ai découvert

**Beaucoup d'outils sont des *leviers*. Un levier se reconnaît à ses trois éléments :**

— **un *axe* de rotation**

— **une *force* motrice**

— **une *force* résistante.**

### Mots importants

levier, force,
axe de rotation.

---

# A la découverte de la balance de Roberval

## Renseigne-toi

☻ Combien pèses-tu ? Combien pèse une lettre ordinaire ?

☻ Y a-t-il des balances chez toi ? Qui les utilise ? Pourquoi ?

☻ Cite des produits alimentaires vendus au poids.

**1**

## Comment ont-ils pesé « Nestor », le cochon d'Inde ?

Il pèse entre 76 et 77 billes en verre.

Il pèse 35 bâtons de craie.

Il pèse entre 8 et 9 cahiers.

Habituellement, pour peser avec une balance de Roberval, on utilise des masses marquées. L'unité choisie est le gramme. On l'écrit : **g.**

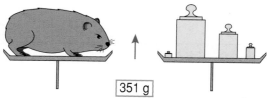

351 g

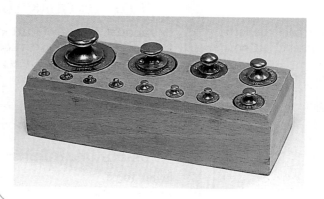

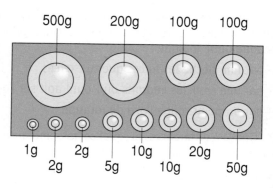

500g    200g    100g    100g

1g    2g    10g    20g
2g    5g    10g    50g

## Les plateaux peuvent-ils rester horizontaux ?

**Matériel**

- du carton,
- des attaches parisiennes,
- une boîte de conserve remplie de sable,
- des élastiques,
- de la colle.

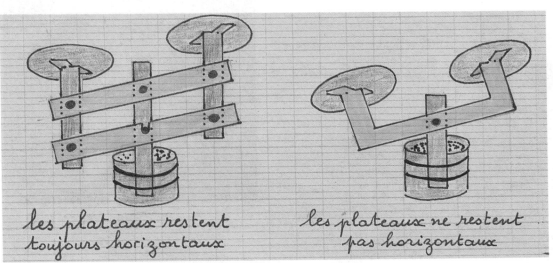

les plateaux restent toujours horizontaux

les plateaux ne restent pas horizontaux

### Activités

**1** Choisis des objets puis, à l'aide d'une balance de Roberval et sans l'aide de masses marquées, range-les du plus lourd au moins lourd.

**2** Pour peser le cochon d'Inde, Thomas a utilisé trois « unités » différentes. Quelle est la pesée la plus rapide ? la plus lente ? la plus précise ?

**3** Utilise des masses marquées pour faire des pesées. En utilisant le moins de masses marquées possibles, lesquelles utiliserais-tu pour peser un objet de 25 g, de 232 g, de 587 g ?

**4** Fabrique les maquettes de la figure 2 et utilise-les. Dessine ces maquettes quand on charge un plateau.

## J'ai découvert

La *balance de Roberval*, avec sa boîte de masses marquées, permet de *peser*, c'est-à-dire de *mesurer la masse* des objets. Un mécanisme astucieux permet de conserver l'horizontalité des plateaux quand on les charge.

### Mots importants

balance, masse marquée.

# Tu peux construire d'autres balances

*Renseigne-toi*

✿ Apporte des photographies de balances, découpées sur un catalogue. Quand les utilise-t-on ?

✿ Utilise-t-on des masses marquées avec un pèse-personne ? et avec une balance de ménage ?

**1**

### Une maquette de balance romaine.

La balance romaine était connue en Chine, il y a 3 000 ans. Elle est encore utilisée de nos jours.

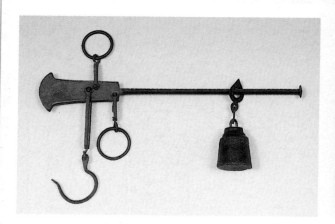

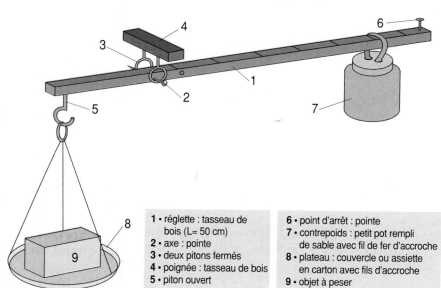

**1** • réglette : tasseau de bois (L = 50 cm)
**2** • axe : pointe
**3** • deux pitons fermés
**4** • poignée : tasseau de bois
**5** • piton ouvert

**6** • point d'arrêt : pointe
**7** • contrepoids : petit pot rempli de sable avec fil de fer d'accroche
**8** • plateau : couvercle ou assiette en carton avec fils d'accroche
**9** • objet à peser

## ❷

### Une balance très ancienne.

Sur ce papyrus égyptien, tu vois une balance à plateaux suspendus, vieille de 4 000 ans. C'est la plus ancienne balance connue.

## Activités

**1** Fabrique la balance romaine de la figure 1.

**2** Utilise des masses marquées pour étalonner ta balance, c'est-à-dire pour en établir la graduation. Où se trouve le zéro de la graduation ?

**3** Avec ta balance romaine, pèse différents objets, et compare tes résultats à ceux de tes camarades.

**4** Réalise les expériences de la figure 3, et compare tes résultats à ceux du dessin.

**5** La balance égyptienne (fig. 2) est-elle une balance à bras égaux ou une balance romaine ? Dessine-la

## ❸

### Des expériences pour comprendre.

*Pour comprendre comment fonctionnent nos balances, nous avons fait des équilibres avec un morceau de carton et des pinces à linge.*

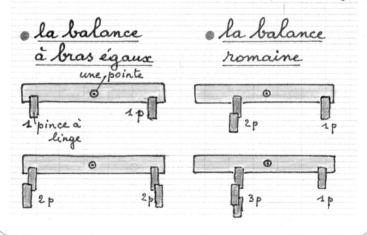

• *la balance à bras égaux*
une pointe
1 pince à linge · 1 p · 2 p · 2 p

• *la balance romaine*
2 p · 1 p · 3 p · 1 p

## J'ai découvert

Avec une balance romaine, la pesée se fait sans masses marquées, en déplaçant un contrepoids. Plus l'objet à peser est lourd, plus il faut éloigner le contrepoids de l'axe.

Une balance à bras égaux est en équilibre quand les masses placées dans chaque plateau sont égales.

### Mots importants

bras de la balance, étalonner.

**1**

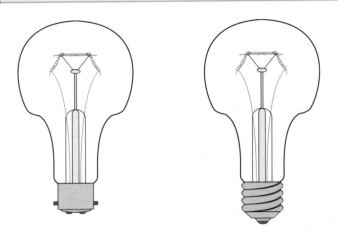

Pose du papier calque sur le dessin, et dessine les deux ampoules.

**1.** Mets une légende en utilisant les mots : culot, filament, supports de filament, gaz inerte.

**2.** Complète tes dessins en reliant les supports du filament aux bornes de l'ampoule.

**2**

**1.** Quelles attaches parisiennes doivent être reliées par un fil conducteur ?

**2.** Pose du papier calque sur la photographie, et indique sur ton dessin les liaisons entre la pile et l'ampoule pour un pays de ton choix.

**3**

Cette longue tige d'acier, dont l'une des extrémités est coudée et fendue, s'appelle un arrache-clou.

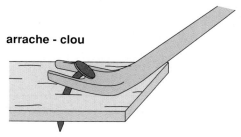

arrache - clou

**1.** Explique pourquoi il est facile d'arracher une pointe avec un arrache-clou, alors que c'est impossible à la main.

**2.** Avec une feuille de papier calque, fais le dessin et indique où est situé l'axe de rotation, où s'exerce la force motrice et où s'exerce la force de résistance.

**3.** Fais le même travail pour le couteau à pain dessiné ci-dessous.

**4.** Fais le schéma de chacun de ces leviers. Quelles sont les ressemblances et les différences ?

**5.** Pourquoi dit-on que les leviers rendent le travail plus facile ?

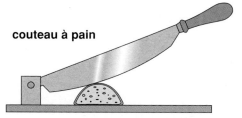

couteau à pain

**4**

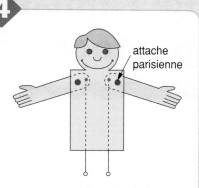

attache parisienne

Voici un pantin articulé.

**1.** Que dois-tu faire pour que le pantin ait les bras en haut ?

**2.** Pourquoi peut-on parler de levier ?

**3.** En quoi le levier est-il ici intéressant ?

## Repère tes compétences

- Je mobilise mes connaissances dans une situation nouvelle : ❶ ❷ ❸

- Je comprends un dessin ou un schéma : ❸ ❹

- Je sais mettre la légende d'un dessin : ❶ ❸

- Je tire des informations d'un dessin ou d'une photographie : ❷ ❸ ❹

- Je comprends les données d'un texte : ❺

- Je trouve la réponse par un raisonnement logique : ❷ ❺

**5**

Deux problèmes de pesées.

**1.** Une recette de cuisine comporte l'emploi de 250 g d'huile. Comment fais-tu si tu disposes d'une balance, d'une boîte de masses marquées et d'un bol ?

**2.** Pour terminer un travail, 300 clous te sont nécessaires. Ils sont vendus au « poids ». Quelle méthode vas-tu proposer au commerçant pour qu'il puisse te donner satisfaction le plus rapidement possible ?

# L'ancêtre de l'appareil photographique

**1**

**La chambre noire : un procédé très ancien.**

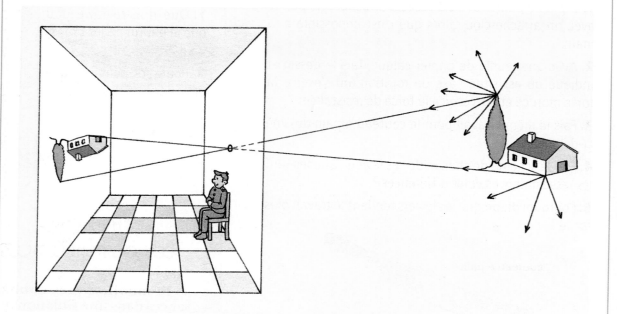

« *Vous devez d'abord obturer les fenêtres de la pièce et toutes les fissures afin qu'aucune lumière ne s'y infiltre et que rien ne soit visible. On fera, dans une fenêtre, un trou rond de la grosseur du petit doigt. En arrière de cette ouverture, vous mettrez un morceau de toile blanche, voire un morceau de papier. Dans ces conditions, tout ce qui se trouve à l'extérieur, éclairé par le soleil, vous le verrez à l'intérieur et vous remarquerez que les personnes ont la tête en bas ; les objets à droite auront l'air d'être à gauche, toutes les choses seront renversées et, plus elles seront éloignées de l'ouverture, plus elles paraîtront grandes.* »

Jean-Baptiste Della Porta, 1597.

**②**

## Fabrique une chambre noire.

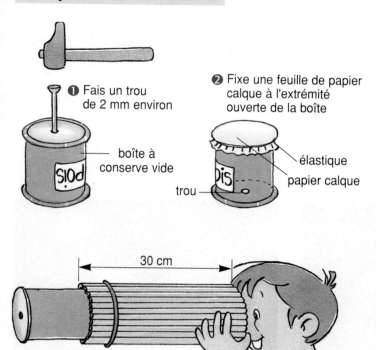

❶ Fais un trou de 2 mm environ

boîte à conserve vide

❷ Fixe une feuille de papier calque à l'extrémité ouverte de la boîte

élastique

papier calque

trou

30 cm

❸ Avant d'observer, fixe sur la boîte, un manchon de carton ondulé.

## Activités

**1** Reproduis, de façon schématique, le dessin de la figure 1 et légende ton dessin en écrivant ces mots utilisés dans le texte de Della Porta : trou, toile blanche.

**2** Fabrique une chambre noire et utilise-la.

**3** Quelles différences y a-t-il entre ta chambre noire et celle de Jean-Baptiste Della Porta ? Es-tu d'accord avec l'ensemble de ses observations ?

**4** Fais des essais : remplace le papier calque par du plastique transparent, supprime le carton ondulé, regarde de très près. Qu'obtiens-tu si tu fais un trou plus grand ?

**5** Quelle image donne la fenêtre 1 de la figure 3 ? et la fenêtre 2 ? Que constates-tu ?

**③**

## A chaque fenêtre son image.

Des formes de plastique coloré et transparent ont été découpées et collées sur deux fenêtres.

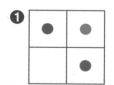

❶

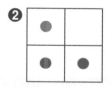

❷

Julien a dessiné les fenêtres vues à travers sa chambre noire, mais il en a dessiné une en trop.

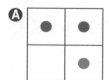

Ⓐ

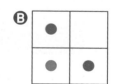

Ⓑ

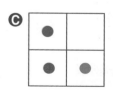

Ⓒ

## J'ai découvert

Une chambre noire donne une *image* renversée d'un *objet* éclairé.

L'image est renversée et inversée parce que la lumière se propage en ligne droite.

### Mots importants

image d'un objet, lumière.

# Fabrique du papier recyclé

## Renseigne-toi

❁ Pourquoi récupère-t-on les vieux papiers ?

❁ Évalue la quantité de papier jetée dans ta classe pendant une journée ; pendant une semaine.

❁ Avec quoi fabrique-t-on le papier ?

**1**

**a**

**b**

**c**

**a.** Déchire une feuille de papier journal et mets les morceaux dans l'eau.

**b.** Utilise un mixeur pour réaliser la pâte à papier, et prépare un tamis.

**c.** Verse de la pâte sur le tamis placé dans le bac.

**d.** Soulève le tamis en l'égouttant.

**e.** Place le tamis entre deux chiffons absorbants.

**f.** Passe un rouleau pour faire sortir l'eau de la feuille de papier.

**g.** Suspends ta feuille pour la faire sécher.

**d**

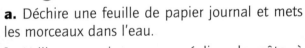

**e**

**f**

**g**

## Activités

**1** Fais la liste du matériel nécessaire à la fabrication du papier recyclé.

**2** Fabrique du papier en utilisant la recette.

**3** Compare le papier obtenu avec celui que tu utilises habituellement.

**4** Fais des essais en changeant la forme des feuilles, en incrustant des pétales de fleurs, des feuilles d'arbres...

**5** Quelles transformations ont lieu aux étapes **b**, **d** et **g** de la fabrication ?

**6** Quel est le sens du mot « recyclé » ?

### J'ai découvert

On peut *recycler* les vieux papiers pour fabriquer du papier neuf. La pâte à papier, utilisée pour la fabrication du papier recyclé, est une suspension de papier déchiqueté dans l'eau.

Le papier est obtenu par évaporation de l'eau contenue dans la pâte.

### Mots importants
recycler.

# Des fabrications en papier

## Renseigne-toi

🐾 Apporte en classe des boîtes en carton (boîtes de pâtes alimentaires, boîtes de tube dentifrice...). Démonte-les pour voir comment elles sont faites.

🐾 Compare le mode d'ouverture de ces boîtes.

## 1

**Des boîtes qui s'emboîtent.**

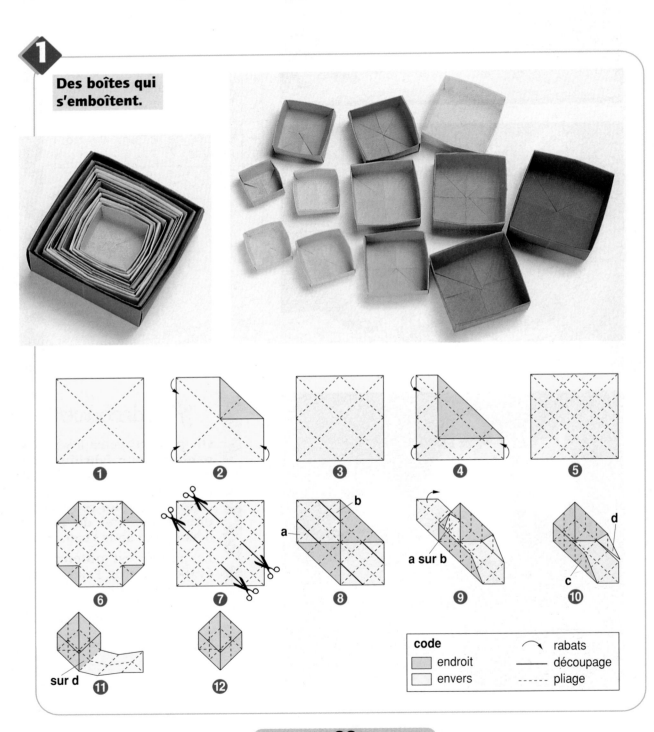

**code**
- ▨ endroit
- ☐ envers
- ⌒ rabats
- ── découpage
- ----- pliage

## Des étoiles en papier pour un mobile.

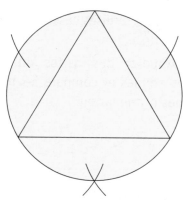

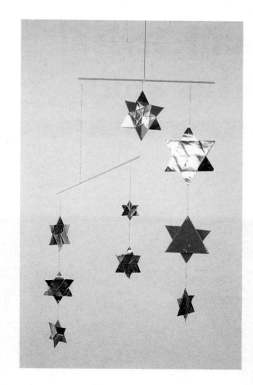

❶ Construis un triangle équilatéral. Découpe-le.

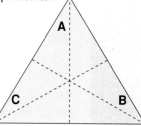

❷ Marque les trois plis par pliage.

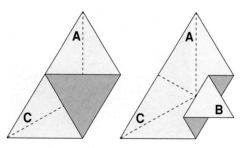

❸ Pour chacun des trois sommets, répète les pliages indiqués.

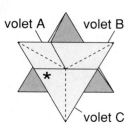

volet A    volet B

volet C

❹ Glisse délicatement le côté «✱» du volet C sous le volet A.

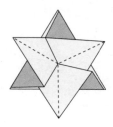

❺ Voici ton étoile. Tu peux en associer plusieurs pour faire un mobile…

---

### Activités

**1** Utilise le plan (fig. 1) pour réaliser une boîte en papier.

**2** Prépare un couvercle pour ta boîte.

**3** Pour faire une boîte plus petite que la boîte que tu as fabriquée, comment dois-tu, au départ, choisir ta feuille de papier ?

**4** Prépare une série de boîtes gigognes.

**5** Utilise le plan de fabrication (fig. 2) pour préparer les éléments de ton mobile.

**6** Suspends les étoiles sur les baguettes du mobile afin que celui-ci soit en équilibre.

### J'ai découvert

Pour *fabriquer des objets* en pliant une feuille de papier, il faut suivre exactement les diverses *étapes* de fabrication.

Une feuille de papier devient plus rigide si on la plie plusieurs fois.

### Mots importants

étape de fabrication.

# Des cartes pour écrire à tes amis

## Renseigne-toi

🍂 Apporte en classe des cartes ou des livres en relief. Divers procédés sont utilisés. Essaie de les découvrir.

🍂 Apporte des cartes ou des livres animés et compare les techniques d'animation.

**1**

### Des cartes en relief.

Plusieurs procédés sont utilisés pour faire des cartes en relief. En voici deux. Réalise-les puis essaie de comprendre ce qui se passe quand on ouvre la carte et quand on la ferme.

**Le père Noël se déplace.**

## Activités

**1** Fabrique les cartes, en utilisant les différents procédés proposés sur la figure 1.

**2** Comment doivent être les éléments en relief de la carte ouverte pour ne pas dépasser de la carte fermée ?

**3** Fabrique les cartes animées de la figure 2.

**4** Quelles pièces bougent sur le modèle 2ⓐ ?

## J'ai découvert

Sur une carte animée, un élément de la carte se déplace et un autre le guide.

La taille des éléments d'une carte en relief dépend des dimensions de la carte.

Plusieurs moyens techniques permettent d'obtenir une carte animée.

### Mots importants

déplacement, guide.

# Deviens un consommateur averti

## Renseigne-toi

♻ Réunis des emballages de produits alimentaires, et recherche leurs ressemblances et leurs différences (matériaux, étiquettes...).

♻ Connais-tu le sens du mot « consommateur ».

**1**

## Le langage des étiquettes.

« L'étiquetage des produits alimentaires fait l'objet d'une règlementation européenne et il est soumis aux contrôles de la DGCCRF (Direction Générale de la Concurrence, de la Consommation et de la Répression des Fraudes).

D'après le décret du 7 décembre 1984, l'étiquette doit fournir certaines informations obligatoires (nom du produit, ingrédients, dates limites, quantité, fabricant, mode d'emploi si nécessaire...). De plus l'étiquette ne doit pas créer de confusion en faisant croire, par exemple, que le produit possède des propriétés de prévention ou de traitement de maladie. »

D'après « Que Choisir », revue de l'Union fédérale des Consommateurs.

## Des dates à consulter avec soin.

### Ne pas confondre « consommer de préférence avant... » et « consommer jusqu'au... »

Un dépassement de la date de la seconde indication peut conduire à une intoxication plus ou moins grave. Pour un dépassement de la date de la première indication, il n'y a pas, en principe, de risque pour la santé.

## Où ranger les aliments rapportés du supermarché ?

### Activités

**1** Fais la liste de toutes les informations apportées par la photographie de la figure 1.

**2** Compare entre elles plusieurs étiquettes de produits alimentaires, retrouve-t-on les mêmes indications ?

**3** Place un thermomètre en différents endroits de ton réfrigérateur et, sur un dessin qui le représente intérieurement, indique les températures que tu as trouvées.

**4** Quelle différence y a-t-il entre un réfrigérateur et un congélateur ? Tu peux chercher l'information dans ton dictionnaire.

**5** Madame Dupont a fait ses courses. La figure 3 présente quelques-uns de ses achats. Où doit-elle les ranger, dès son arrivée à la maison, afin que la conservation des aliments se fasse dans de bonnes conditions ?

### J'ai découvert

Pour devenir un consommateur averti, il faut savoir « lire », et surtout comprendre les informations portées sur les emballages de produits alimentaires. Celles-ci sont réglementées et certaines, comme les dates limites, sont à respecter pour le maintien en bonne santé.

### Mots importants

étiquetage, consommateur.

**1** Combien un hérisson a-t-il de piquants ?

160 ?     1 600 ?
16 000 ?     160 000 ?

**2** Combien une grenouille verte pond-elle d'œufs par an ?

100 ?     1 000 ?
5 000 ?     10 000 ?

**3** Combien d'abeilles dans une ruche en été ?

5 000 ?     10 000 ?
30 000 ?     60 000 ?

**4** Devinette

Un coq s'est niché au sommet d'un toit à deux pentes.
L'une des pentes fait 30°, l'autre 55°. Sur laquelle de ces deux pentes va rouler l'œuf ?

**6** Lequel vit le plus vieux ?

Voici six noms d'animaux dans le désordre. Range-les en commençant par celui qui vit le plus longtemps.

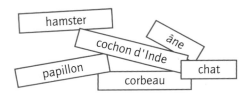

hamster
cochon d'Inde
âne
papillon
corbeau
chat

**5** Lequel de ces animaux court le plus vite ?

1. la gazelle

2. le guépard

3. le lion

4. le cheval

**8** Charade

Le paon fait mon premier.
Nous faisons mon second pour nous divertir.
Sous la tête est mon dernier.
L'hiver, mon tout vient près de la maison.

**7** Charade

Mon ami et moi,
nous nous suivons de peu.
Lui, tout le monde le voit, personne ne l'entend.
Moi, tout le monde m'entend, personne ne me voit.
Qui sommes-nous ?

**9** Trouve l'astuce

En ne manipulant qu'un seul verre, groupe trois verres vides à gauche et trois verres pleins à droite.

1    2    3    4    5    6

Solutions p. 96

# Index ... Index ... Index ... Index ... Index ... Index

# Index ... Index ... Index ... Index ... Index ... Index

# RÉFÉRENCES PHOTOGRAPHIQUES

**Solutions de la page 94 :** ❶ 16000. ❷ 10000. ❸ 60000. ❹ aucune. ❺ le guépard. ❻ corbeau : 80 ans ; âne : 45 ans ; chat : 15 ans ; cochon d'Inde : 4 à 5 ans ; hamster : 2 ans ; papillon : 2 mois au maximum. ❼ l'éclair et le tonnerre. ❽ rouge-gorge. ❾ verre **2**.

**Edition :** Jacqueline Erb.
**Fabrication :** Martine Christian.
**Mise en page :** Ruth Ballangé.
**Iconographie :** Valérie Perrin.
**Illustrations :** Catherine Claveau.
**Dessins :** Fractale.
**Maquette :** Bruno Loste.

N° d'éditeur : 10086148 - (VII) - (40) - CABL - 80 - Dépôt légal : juin 2001
Imprimé par CLERC S.A. - 18200 Saint-Amand-Montrond
Dépôt légal 1re édition : août 1995 - N° d'imprimeur : 7553